Käsekumme

Karl-Friedrich Schmidt

Käse – Butter – Joghurt leicht selbstgemacht

Mit 10 Abbildungen

1988

Verlag Paul Parey · Hamburg und Berlin

Sämtliche Tafelphotos fertigte Ursula Sonnenberg, Hamburg

CIP-Titelaufnahme der Deutschen Bibliothek

Schmidt, Karl-Friedrich:
Käse – Butter – Joghurt leicht selbstgemacht / Karl-Friedrich
Schmidt. – Hamburg ; Berlin : Parey, 1988
ISBN 3–490–19715–1

 Anschriften: Spitalerstraße 12, 2000 Hamburg 1; Lindenstraße 44–47, 1000 Berlin 61.
Satz und Druck: Westholsteinische Verlagsdruckerei Boyens & Co., Heide in Holstein.
Umschlaggestaltung: Jan Buchholz und Reni Hinsch, Hamburg, unter Verwendung eines Photos von Ursula Sonnenberg, Hamburg.

ISBN 3-490-19715-1

Vorwort

Als ich in den vergangenen Jahren meine beiden Hobby-Ratgeber „Wurst aus eigener Küche“ und „Schinkenräuchern – das neue Hobby“ veröffentlichte, konnte ich noch nicht ahnen, auf welch großes Interesse diese Bücher stoßen würden. Ermutigt durch diese überaus positive Resonanz, habe ich mich entschlossen, auch den vorliegenden Ratgeber zu verfassen. Sein Ziel ist es, allen Käse-, Butter- und Joghurtliebhabern zu zeigen, wie sie einfach, schnell und problemlos edle Hausmacher-Käsespezialitäten, köstliche Butter und wohlschmeckenden Joghurt selbst herstellen können. Neben der Freude, die diese appetitliche Freizeitbeschäftigung bringt, sind für „ökonomisch denkende Zeitgenossen“ gewiß auch die Einsparungsmöglichkeiten von Interesse, können bei diesen selbstgemachten Produkten doch bis zu 50 % der Kosten für Fertigprodukte gespart werden. Nicht zuletzt, und dies ist meines Erachtens das Entscheidende, sind z. B. in hauseigenem Käse keinerlei chemische Konservierungsstoffe enthalten. Man weiß eben bei selbstgemachter Kost, was drin, dran und drauf ist. „Mit Vertrauen genießen können“, heißt hier die Devise.

Selbstgebackenes Brot, eigenerzeugte Marmelade, handgemachte Spätzle, selbstgeräucherter Schinken oder Fische und hausgemachte Wurst sind der Stolz vieler Hobbyköche und Hausfrauen. Warum also nicht auch wieder „käsen“ und „buttern“?

Diese Anleitung ist, wie auch ihre erfolgreichen Vorgänger, praxisnah und leicht verständlich geschrieben. Entbehrliche Theorie fehlt. Sie erhebt keinen Anspruch auf Vollständigkeit und die Beschreibung professioneller Käseherstellung, wohl aber darauf, daß sie jeden interessierten Laien in die Lage versetzen kann, auf einfache Art und Weise selbst Käse, Butter und Joghurt herstellen zu können. Alle Techniken und Rezepte hat der Verfasser ausprobiert. Trotzdem kann seitens des Autors keine Garantie für das sichere Gelingen eines jeden Rezeptes übernommen werden, da zu viele Faktoren wie z. B. Milchqualität, Hygiene bei der Arbeit, Temperaturen usw. nicht immer hundertprozentig beeinflußbar sind.

Für drei für den „Selbermacher“ bisher schwierige Probleme werden in diesem Ratgeber Lösungen angeboten. Erstens kann der Hobby-Käser für alle Käserezepte neben der Rohmilch ab Hof auch jede pasteurisierte Frischmilch verwenden, zweitens werden Käserezepte für haushaltsübliche Mengen, die die Verarbeitung von nur 2–3 Litern Milch erfordern, vorgestellt, und schließlich erhält jeder Leser Hinweise, wo er die nötigen Utensilien für die häusliche Käse-, Butter- und Joghurt-Bereitung beziehen kann. Hätten Sie's gewußt?

Eines ist schon jetzt sicher: Wenn Sie Ihren ersten selbstgemachten Käse, die selbstgestampfte Butter oder den Hausmacher-Joghurt genießen, werden Sie sagen: Käse, Butter, Joghurt – selbstgemacht – eine Freude! Viel Spaß an Ihrem köstlichen Hobby und „gutes Gelingen" wünsche ich Ihnen.

Calw-Altburg, im Frühjahr 1988 Karl-Friedrich Schmidt

Inhalt

Hier geht's um Käseköstlichkeiten

So sehr lohnt sich das Selberkäsen

Mancher sparsame Leser unter den Käsefreunden wird sich vielleicht fragen: Lohnt sich das Selberkäsen für den Privathaushalt eigentlich, oder ist das nicht eindeutig die teurere Alternative? Hier die Antwort: Wenn man Käse kauft, muß im Geschäft durchschnittlich gut und gern DM 1,80 pro 100 Gramm ausgegeben werden. Diesen Betrag habe ich bei meinen Recherchen ermittelt. Wird der Käse jedoch selbst gemacht, so kosten 100 Gramm nur ca. DM 0,75. Dies ist eine Einsparung von fast 60 %.

Und das geht so: Wenn man z. B. von einer zu verkäsenden haushaltsüblichen Kleinmenge von 2 Litern Frischmilch ausgeht, so kostet diese ab Hof oder die ebenfalls gut geeignete pasteurisierte frische Vollmilch im Geschäft ungefähr DM 2,–. Daneben ist noch Lab im Wert von ca. DM 0,50 nötig.

Aus diesen 2 Litern Milch erhält man ca. 330 Gramm Käse in einem Wert von ca. DM 6,00. Jetzt ist noch zu bedenken, daß noch ca. 1,5 Liter hochwertige Naturmolke anfallen, die, im Reformhaus gekauft, nochmals ca. DM 3,00 pro Liter, also DM 4,50 kosten würden. DM 2,50 betrug der Kapitaleinsatz für Milch und Lab, und ca. DM 10,00 beträgt der Wert der aus 2 Litern Milch gewonnenen Milchprodukte. Selbst wenn die Molke als Restprodukt beim Käsemachen nicht verwendet wird, so kostet der selbstgemachte Käse immer noch nur knapp die Hälfte. Die Freude am gelungenen selbsterzeugten Käse ohne Konservierungsstoffe gibt es gratis dazu. Sie ist sozusagen der ideelle Gegenwert für die investierte Zeit.

Geschichte(n) um den Käse

Kein Käse ohne Milch. Wenn wir die Entstehungsgeschichte der Milch von den Anfängen her verfolgen möchten, so müßten wir uns den ersten milchliefernden Säugetieren, den Trityledonen, zuwenden. Es waren eidechsenähnliche Wesen, die vor ca. 200 Millionen Jahren auf der Erde hausten. Wir verzichten jedoch auf entwicklungsgeschichtliche Vollständigkeit, überspringen ganz einfach einige Jahrmillionen und finden uns in der

Jungsteinzeit wieder und – wie uns die Wissenschaftler versichern – auch das Produkt, um das sich in diesem Buch alles dreht – den ersten Käse! Die Jäger und Sammler dieser Epoche hatten schon vor rund 10 000 Jahren erkannt, daß es viel bequemer ist, Vieh zu halten, als es zu jagen und sich dabei auf die Launen Dianas verlassen zu müssen. Sie gingen daran, den Auerochsen zu zähmen. Er ist quasi der Stammvater des Urgroßvaters unserer heutigen Milchviehrassen. Sie wurden für ihre Arbeit mit einem köstlichen Geschenk – der frischen Milch – belohnt. Fortan lebten die Menschen mit ihren Haustieren und mit deren weißem Saft.

Hier beginnt also die Geschichte des Käses, der Butter und des Joghurts. Irgendwann muß jemand beobachtet haben, wie Milch, als sie einmal länger stehen blieb, dick wurde, angenehm säuerlich schmeckte und daß sie sich in eine feste Masse und eine dünne gelbliche Flüssigkeit trennte. Diese festere Masse war im Grunde der erste Frischkäse, die gelbliche Flüssigkeit die Molke. Man kann also ruhig behaupten, daß uralte Erfahrungen der ersten Viehzüchter im Umgang mit der Milch zum Käse führten.

Die ersten gesicherten Beweise für das Vorhandensein einer florierenden Milch- und Käsewirtschaft gaben die Sumerer, die vor ungefähr 5000 Jahren im Zweistromland zwischen Euphrat und Tigris lebten. Archäologische Funde der Stadt Ur, der Heimat von Abraham, brachten tönerne Reliefbilder zum Vorschein, die Einzelheiten der sumerischen Milchverarbeitung zeigen.

Aber nicht nur im Lande der Bibel (. . . wo Milch und Honig fließt!) genossen das Rind und seine Produkte hohes Ansehen. Auch im Lande der Pharaonen gehörte Käse schon zum Reiseproviant der Herrscher. Das lateinische Wort für Geld, „pecunia", bedeutete ursprünglich Vieh und stammt aus einer Zeit, in der dieses das Zahlungsmittel schlechthin war.

Ähnliches ist auch aus dem schwarzen Kontinent bekannt, wo in alten Papyrusurkunden (aus dem Jahre 500 n. Chr.) Käse als Pachtzins für Land genannt wird. Dies zeigt, welch wichtige Rolle der Käse im täglichen Leben spielte.

Auch die Römer waren sehr stolz auf ihren Käse. Sie kannten viele Sorten und Rezepturen. Man bereitete ihn z. B. mit Wein und Honig zu, räucherte ihn und gewann auf diese Weise Proviant für lange Eroberungszüge. In römischen Häusern war es üblich, eine eigene „Käse-Küche" und einen speziellen Lagerraum für Käse zu haben. Zum Käsen nahm man Kräuter und andere Pflanzen und kannte sogar schon das „Lab", ein Enzym, welches das Milcheiweiß Kasein gerinnen läßt. Dieses Lab ist bis heute für alle „Süßmilchkäse" unentbehrlich.

Schon damals schrieben sich die Völker den Ruhm bedeutender „Erfindungen" (wie die des Käses) gern selbst zu. Die Griechen beispielsweise Aristatios, einem Sohn des Götterlieblings Apoll. Der Wahrheit zuliebe und um unserem Patriotismus gerecht zu werden, muß gesagt werden, daß wir die Kunst des Käsemachens weder den Griechen noch den Römern verdanken.

Schließlich waren auch unsere Vorfahren erfolgreiche Viehzüchter. Alten Quellen zufolge trieben keltische Händler bereits einen schwunghaften Handel mit Käse und waren u. a. Hoflieferanten für die kaiserliche Tafel in Rom. Käsegroßverbraucher im Mittelalter waren vorzugsweise die Klöster. Nicht umsonst genossen Äbte und Mönche den Ruf verwöhnter Feinschmecker.

Heute kennt man ungefähr 4000 Käsesorten auf der Welt. Allen ist gemeinsam, daß sie aus Milch, dem wertvollen Saft der Nutztiere, hergestellt werden. Zweifelsohne spielt hierbei die Herstellung von Käse, Butter und Joghurt aus Kuhmilch die Hauptrolle. Die Tierzucht hat Kühe hervorgebracht, die heute 10mal mehr Milch geben als vor 5000 Jahren. So liefert eine Milchkuh jährlich rund 4000 bis 5000 Liter, vom steinzeitlichen Wild- und Auerrind konnte man nur 400 bis 600 Liter gewinnen.

So viele Käsesorten es auch gibt, so unterschiedlich ist ihr Geschmack. Er ist abhängig von vielerlei Faktoren, wie z. B. Milchart, Klima, Boden, Pflanzenbewuchs, Käsereitechnologie, Reifezeit und Temperatur während der Reifung. Viele edle Käsesorten entstehen nach alten, überlieferten „Geheimrezepturen", die noch besser als Ziegen oder Schafe gehütet werden.

Ein Bundesbürger verzehrt heute im Durchschnitt pro Jahr 15 kg Käse, vor 40 Jahren waren es noch 2 kg. Damals gab es bei uns nur rund 10 Käsesorten, heute kann der umworbene Verbraucher allein unter mehreren hundert Sorten wählen. Und künftig kommen noch einige Käsesorten aus eigener Herstellung dazu. Sind das nicht käsige Aussichten?

Was ist eigentlich Käse?

Das Wort Käse stammt von dem lateinischen „caseus" ab. Im Englischen heißt Käse „cheese", auf holländisch „Kaas". Das französische „fromage" und das italienische „formaggio" stammen von dem lateinischen Begriff „coagulum formatum" ab, das soviel wie „geformtes Gerinnsel" heißt.

Käse ist, einfach ausgedrückt, das frische oder gereifte Produkt aus dickgelegter oder geronnener Milch nach Ablauf der flüssigen Molke. Man kann also sagen, daß Käse das Konzentrat der wichtigsten Nährstoffe der Milch, besonders des Eiweißes ist. Die Herstellung von Käse beruht im Prinzip auf einem Vorgang, den sicher jeder schon einmal beobachtet hat: Wenn Milch sauer wird und gerinnt, also dick wird, scheidet sich die feste Käsemasse (Bruch) von der dünnflüssigen Molke (Käsewasser). So einfach das auch aussehen mag – die Käseherstellung in den Käsereien ist natürlich komplizierter und verlangt bei jeder Sorte spezielle Erfahrungen. Es gibt heute weltweit ungefähr 50 verschiedene Grundverfahren, aus denen wiederum durch Abwandlungen ca. 4000 Käsesorten entstehen.

Käse war immer und ist auch heute ein hervorragendes Nahrungs- und Genußmittel, das jeder echte Gourmet zu schätzen weiß. Alles, was der Milch ihren Wert verleiht, ist auch im Käse enthalten und sogar in einer veredelten Form, da die Inhaltsstoffe des Käses durch die Gerinnung des Eiweißes und durch die Reifung biochemisch positiv verändert werden.

Außer biologisch hochwertigem Eiweiß enthält der Käse noch verschiedene Mineralstoffe, insbesondere Calcium- und Phosphorverbindungen, sowie viele Vitamine (A, B, D, E). Halt, werden Sie so langsam denken und dabei die „schlanke Linie" im Auge haben – kein Sterbenswörtchen übers Fett? Gemach, gemach, es wird sofort hineingetreten ins Fettnäpfchen: Käse gibt es mit sehr unterschiedlichen Fettgehalten – von der Magerstufe mit weit unter 10 % Fett bis hin zur Doppelrahmstufe mit bis zu 65 % Fett in der Trockenmasse des Käses. Jeder Käsefreund hat also die Möglichkeit, so fett oder so mager zu essen, wie er möchte. Interessant ist noch, daß Käse ein Nahrungsmittel ist, bei dem klipp und klar ausgewiesen werden muß, wieviel Fett es enthält.

Auf jeder Käseverpackung steht: Fett i. Tr., was ganz einfach bedeutet „Fett in der Trockenmasse". Käse besteht nämlich, je nach Sorte, zu einem gut Teil aus Wasser. Die Fettangabe in Prozent, z. B. 30 % Fett i. Tr., bezieht sich aber immer nur auf die Trockenmasse des Käses. Dies ist so geregelt, weil der Käse von der Herstellung bis zum Verzehr unterschiedlich lange reift und gelagert wird und dabei unterschiedlich viel Wasser verliert und zum Zeitpunkt des Verkaufs einen niedrigeren Wassergehalt hat als unmittelbar nach der Herstellung. Da der Trockenmassegehalt im Gegensatz zum Wassergehalt aber konstant bleibt, wird die Fettgehaltsangabe auf diesen fixen Wert bezogen. Leider weiß aber auch dann der „normale Käseverbraucher" in den meisten Fällen trotzdem nicht, wieviel Gramm Fett nun tatsächlich in dem gekauften Käse versteckt sind, da der Trockenmassegehalt nicht angegeben ist. Allgemein kann man sagen, daß man mit dem Käse viel weniger Fett zu sich nimmt, als gemeinhin angenommen wird.

Hier ein Beispiel: 100 Gramm Edamer, der rund zur Hälfte aus Trockenmasse besteht, enthält bei einem Fettgehalt von 30 % nur knapp 15 Gramm Fett.

Ganz ohne Fett geht es nun einmal nicht, weder aus ernährungsphysiologischen noch aus geschmacklichen Gründen. Hinzu kommt, daß das im Käse enthaltene Milchfett infolge seiner überaus feinen Verteilung sehr leicht verdaulich ist. Dieser kleine Ausflug in die Ernährungsphysiologie soll nicht ohne den Hinweis auf eine alte „Volksweisheit" abgeschlossen werden, die da lautet: „Käse macht klug". Diese Aussage hält durchaus einer wissenschaftlichen Untersuchung stand.

Fettgehalt in der Trockenmasse	
höchstens	85 %
mindestens 60 %	Doppelrahmstufe
mindestens 50 %	Rahmstufe
mindestens 45 %	Vollfettstufe
mindestens 40 %	Fettstufe
mindestens 30 %	Dreiviertelfettstufe
mindestens 20 %	Halbfettstufe
mindestens 10 %	Viertelfettstufe
weniger als 10 %	Magerstufe

Käsegruppe	Wassergehalt in der fettfreien Käsemasse
Hartkäse	56 % oder weniger
Schnittkäse	mehr als 54 % bis 63 %
Halbfester Schnittkäse	mehr als 61 % bis 69 %
Sauermilchkäse	mehr als 60 % bis 73 %
Weichkäse	mehr als 67 % bis 76 %
Frischkäse	mehr als 73 % bis 87 %

Wie werden die Käse eingeteilt?

Um in das vielfältige in- und ausländische Käseangebot Ordnung zu bringen, hat der Gesetzgeber die „Käseverordnung" erlassen. In dieser ist festgelegt, welche Käsearten und Käsegruppen in der Bundesrepublik Deutschland angeboten werden dürfen.

Dieser Käseverordnung liegen zwei Kriterien zugrunde, die eine systematische Einteilung möglich machen, zum einen in Käsegruppen, zum anderen in Fettgehaltsstufen. Für die Zuordnung eines Käses zu einer Käsegruppe ist der Wassergehalt in der fettfreien Käsemasse maßgebend, für die Zuordnung zu einer Fettgehaltsstufe ist es der Fettgehalt in der Trockenmasse (Fett i. Tr.). Käse setzt sich, seinem Ausgangsrohstoff Milch entsprechend, aus Fett, Eiweiß, Milchzucker, Mineralstoffen, Vitaminen und Wasser zusammen, wobei die verschiedenen Bestandteile je nach Käsesorte in unterschiedlichen Mengen vorkommen. Alle Bestandteile zusammengenommen bezeichnen wir als Käsemasse. Zieht man davon das Wasser ab, erhält man die Trockenmasse, die sich wiederum in Fett und fettfreie Trockenmasse zerlegen läßt. Der Fettgehalt in der Trockenmasse bestimmt die Zuordnung in eine Fettgehaltsstufe.

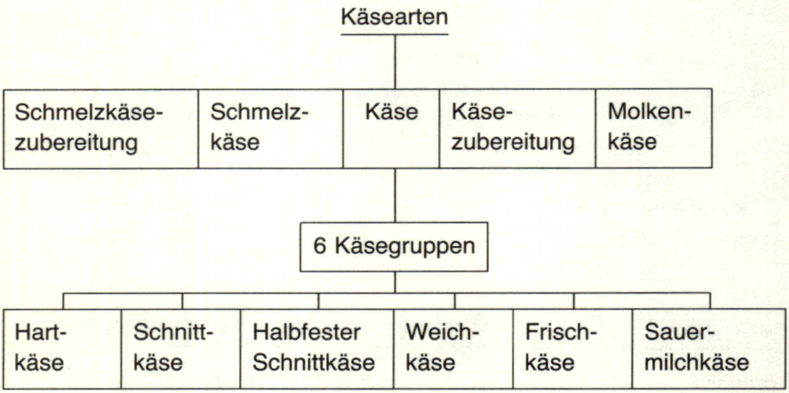

Die Milch, aus der der Käse ist

Ein Schlückchen Milchkunde – leicht verdaulich

Milch ist eine ideale Vollnahrung. Sie enthält in biologisch ausgeglichenem Verhältnis Nähr- und Wirkstoffe für Aufbau, Erhaltung und Schutz des menschlichen Organismus. Von besonderem ernährungsphysiologischen Wert ist das Eiweiß. Ein Liter deckt den Tagesbedarf eines erwachsenen Menschen an tierischem Eiweiß (Protein). Milcheiweiß ist in seiner Zusammensetzung besonders hochwertig, denn es enthält essentielle Aminosäuren. Dies ist wichtig, weil jedes Eiweißmolekül unseres Körpers aus 20 Aminosäuren besteht; 12 davon kann der Körper selbst aufbauen, 8 jedoch, die essentiellen oder lebensnotwendigen, müssen mit der Nahrung zugeführt werden. Es ist daher lebenswichtig, daß wir sie mit der Nahrung aufnehmen. Zu den Aufgaben, die das Eiweiß zu erfüllen hat, zählen in erster Linie Aufbau und Erhaltung der Körpersubstanzen wie z. B. Blut- und Zellplasma, Hirnsubstanz, Muskeln und Organe. Der tägliche Eiweißbedarf eines Erwachsenen beträgt 1 g Eiweiß pro kg Körpergewicht und Tag. Tierisches Eiweiß ist in seinem Aufbau dem menschlichen Eiweiß ähnlicher als pflanzliches. Deshalb kann unser Körper das Milcheiweiß auch zu 95 % ausnutzen, während ihm dies bei pflanzlichem Eiweiß nur zu ungefähr 70 % möglich ist. Der Vorteil beim Genuß von Milch und Milchprodukten liegt also in der besseren Ausnutzbarkeit der Proteine.

Das Milchfett als weiterer Bestandteil der Milch ist sehr bekömmlich, weil es schon bei Körpertemperatur schmilzt und in der Milch fein verteilt enthalten ist. Diese feine Verteilung ermöglicht einen besseren Einfluß der Verdauungssäfte. Zudem ist das Milchfett Träger der fettlöslichen Vitamine, besonders des „Augenvitamins" A und des Vitamins D. Das Milchfett enthält darüber hinaus Lecithin, das für Nerven und Gehirn ein wichtiger Aufbaustoff ist.

Neben Eiweiß und Milchfett ist noch der Milchzucker zu nennen, das Kohlenhydrat der Milch. Durch die Darmbakterien wird ein Teil des Milchzuckers in Milchsäure verwandelt. Sie verhütet Fäulnisprozesse im Darm, fördert den Aufbau von B-Vitaminen und beeinflußt die Aufnahme der Mineralien Calcium, Phosphor und Magnesium positiv. Der Milchzuckeranteil, der nicht zu Milchsäure umgewandelt wird, verwandelt sich in den

Energielieferanten Traubenzucker. Milch ist nicht nur ein Energieträger, sondern auch ein vorzüglicher Vitaminlieferant. Neben den fettlöslichen Vitaminen A und D enthält die Milch das wasserlösliche Vitamin B_2 (Lactoflavin oder Riboflavin), das für das Wachstum und die Blutbildung nötig ist, und außerdem das Vitamin B_1 – wichtig für Nerventätigkeit und Zellatmung. Hinzu kommen noch die Vitamine B_6, B_{12}, C, E und K.

Ein Liter Milch deckt den Tagesbedarf eines Menschen an Vitamin A zu 30–50 % (dies ist abhängig davon, ob Sommer- oder Wintermilch getrunken wird), 85 % des Bedarfs an Vitamin B_2 und zwischen 23 und 50 % des Bedarfs an Vitamin B_1.

Schließlich spielen die Mineralstoffe der Milch noch eine beträchtliche Rolle; die Milch enthält vor allem Calcium und Phosphor, beides ist unentbehrlich für den Aufbau und die Erhaltung von Knochen und Zähnen. Milch gehört zu den Nahrungsmitteln mit dem höchsten Kalkgehalt. Calcium ist zwar auch in pflanzlichen Nahrungsmitteln enthalten, es wird aber daraus nicht so vollständig verwertet wie aus der Milch.

Welche Milchsorten werden heute angeboten?

Dem Verbraucher steht heute ein Vielzahl von frischen und haltbar gemachten Milchsorten mit unterschiedlichem Fettgehalt zur Verfügung. Diese Milchsorten werden mit dem Sammelbegriff „Konsummilch" bezeichnet.

Rohmilch

Rohmilch wird weder erhitzt noch von der Molkerei bearbeitet; sie darf nur mit besonderer Genehmigung direkt vom Erzeuger oder als „Vorzugsmilch" über den Handel an den Verbraucher abgegeben werden.

Vorzugsmilch

Vorzugsmilch ist eine amtlich überwachte Milchsorte, die in ihrer natürlichen Beschaffenheit mit unverändertem Fettgehalt roh in den Handel gebracht wird. Besonders strenge Anforderungen werden an den Gesundheitszustand der Kühe, an die laufende Überprüfung und an die Beschaffenheit der Milch sowie an Behandlung, Verpackung und Transport gestellt. Auch der Gesundheitszustand des die Milch gewinnenden Personals wird überwacht. Vorzugsmilch wird in den Geschäften ausschließlich in verkaufsfertiger Verpackung (Flasche oder Karton) angeboten. Diese Milch ist die teuerste, sie kostet fast das Doppelte wie normale Vollmilch.

Vollmilch

Diese Milch unterscheidet man in zwei Kategorien: erstens Vollmilch mit natürlichem Fettgehalt und zweitens Vollmilch mit einem von der Molkerei auf 3,5 % eingestellten Fettgehalt. Diese Sorte hat den höchsten Marktanteil.

Vollmilch muß in einem Milchbearbeitungsbetrieb einer Wärmebehandlung unterzogen werden. Pasteurisierte Vollmilch wird lose, überwiegend aber in verkaufsfertiger Verpackung (Schlauchbeutel, Tüten, Flaschen und Karton) angeboten. Verpackte Vollmilch muß auf ihrer Verpackung gekennzeichnet sein. Neben dem Namen der Molkerei muß der Abfülltag oder das Datum ersichtlich sein, bis zu dem sie gekühlt mindestens haltbar ist.

Im Normalfall ist die Milch homogenisiert, auch dies muß auf der Verpackung angegeben werden.

Teilentrahmte (fettarme) Milch

Ihr Fettgehalt muß mindestens 1,5 % und darf höchstens 1,8 % betragen. Wärmebehandlung, Verpackung und Kennzeichnung sind wie bei der Vollmilch geregelt.

Entrahmte Milch (Magermilch)

Sie darf einen Fettgehalt von maximal 0,3 % haben. Wärmebehandlung, Verpackung und Kennzeichnung entsprechen ebenfalls der Vollmilch.

Vollmilch, teilentrahmte Milch und entrahmte Milch werden pasteurisiert, ultrahocherhitzt oder sterilisiert angeboten.

Welche Milch eignet sich zum Käsemachen?

Von den vielen angebotenen Milchsorten eignen sich für die Käserei nicht alle gleich gut. Ideal wäre es, wenn man von einem Landwirt frische und hygienisch gewonnene Rohmilch beziehen könnte. Heute wird in den modernen Milcherzeugungsbetrieben eine hervorragende Milch mit Hilfe von Melkmaschinen gewonnen, in geschlossene Rohrleitungssysteme

Übersicht Nährwertgehalte

Milch- und Milcherzeugnisse	100 g enthalten jeweils								
	Energiegehalt in		Hauptnährstoffe			Mineralstoffe			
			Eiweiß (Protein)	Fett	Kohlenhydrate	Calcium	Kalium	Natrium	Phosphor
	kJ	kcal	g	g	g	mg	mg	mg	mg
Konsummilch									
Rohmilch, Vorzugsmilch	277	66	3,3	3,8	4,6	120	157	48	92
Vollmilch, 3,5 % Fett	269	64	3,2	3,5	4,7	120	157	48	92
Teilentrahmte (fettarme) Milch	189	45	3,3	1,5	4,7	118	155	47	91
Entrahmte Milch (Magermilch)	143	34	3,5	0,1	4,8	123	150	53	97
Milcherzeugnisse									
Buttermilch	172	41	4,0	1,0	4,0	110	145	55	90
Dickmilch	265	63	3,5	3,5	4,5	–	–	–	–
Joghurt aus Vollmilch	286	68	3,9	3,8	4,6	120	157	48	92
mit Früchten, gezuckert	424	101	3,5	3,0	15,0	–	–	–	–
Joghurt fettarm	202	48	3,6	1,6	4,7	114	149	45	87
mit Früchten, gezuckert	349	83	3,5	1,0	15,0	–	–	–	–
Joghurt aus Magermilch	160	38	4,4	0,1	4,9	143	187	57	109
Kakaotrunk	248	59	3,5	0,5	10,0	–	–	–	–
Kondensmilch, 10 % Fett	739	176	8,8	10,1	12,5	315	420	128	246
7,5 % Fett	559	133	6,5	7,6	9,7	242	322	98	189
Kondensmagermilch	353	84	9,0	+	12,0	150	–	150	200
Sahne, 10 % Fett (Kaffeerahm)	517	123	3,1	10,5	4,1	101	132	40	85
30 % Fett (Schlagsahne)	1298	309	2,4	31,7	3,4	80	112	34	63
Schlagsahne extra	1441	343	2,2	36,0	2,6	–	–	–	–
Saure Sahne	479	114	3,0	10,0	4,0	–	–	–	–
Sauerrahm extra	790	188	2,9	18,0	3,7	–	–	–	–
Trinksauermilch, entrahmt	160	38	3,2	1,0	4,0	–	–	–	–

Zeichenerklärung:
+ = in Spuren – = keine Daten
mg = 1/1000 g kJ = Kilojoule

Komplett-Set für die Herstellung von Weichkäse

Komplett-Set für die Herstellung aller Käsesorten (ohne Stein)

geleitet und sofort ausreichend gekühlt. Diese Rohmilch kostet ab Hof ungefähr 1,– DM pro Liter.

Genau wie die Rohmilch ist auch die im vorigen Abschnitt besprochene Vorzugsmilch zur Käseherstellung geeignet. Sie hat aber den Nachteil, daß sie fast das Doppelte kostet, also einfach zu teuer ist.

Beide Milchsorten sind nicht erhitzt, nicht homogenisiert, haben den natürlichen Fett- und Vitamingehalt und eine gesunde natürliche biologische Struktur.

Falls man Rohmilch ab Hof verwendet, sollte unbedingt darauf geachtet werden, daß die Kühe nicht mit Silage gefüttert wurden. Diese Milch ist für die häusliche Käsebereitung **nicht** geeignet, da neben Geschmacksbeeinträchtigungen durch Buttersäurebakterien auch Infektionen der Milch hervorgerufen werden können. Dies führt häufig zu Fehlfabrikaten.

Viele „Hobbykäser" werden aus den verschiedensten Gründen erhebliche Schwierigkeiten haben, Rohmilch direkt vom Erzeuger zu bekommen. Keine Angst – auch ihnen kann geholfen werden. Sie können ohne weiteres die im Handel befindliche pasteurisierte frische Vollmilch (3,5 % Fett) verwenden und gute Erfolge erzielen. Ich selbst arbeite mit dieser Milch seit Jahren. Pasteurisierte Milch ist immer einem schonenden Erhitzungsverfahren unterzogen worden. Sie ist gekühlt ungefähr eine Woche haltbar. Diese Milch hat den Vorteil, daß sie einwandfrei sauber ist und garantiert keine schädlichen Bakterien enthält, die den Käse verderben können. Die Milch darf jedoch beim Verkäsen nie zu alt sein. Bei nicht erhitzter Rohmilch vom Bauern kann es in bestimmten Fällen (mangelnde Hygiene) einmal vorkommen, daß es zu einem Fehlfabrikat kommt.

Zur Not könnte auch aus der H-Vollmilch Käse gemacht werden, wovon ich allerdings abraten möchte. H-Milch ist ja, wie an anderer Stelle bereits erwähnt, ultrahocherhitzt. Sie ist steril und schmeckt auch etwas verändert. Einen noch stärkeren „Kochgeschmack" weist die sterilisierte Milch auf. Im Geschmack veränderte Milch ergibt auch einen im Geschmack abweichenden Käse. H-Milch und sterilisierte Milch also möglichst nicht verwenden.

Die pasteurisierte frische Vollmilch enthält noch Bakterien, weshalb sie auch nur ungefähr eine Woche haltbar ist. Die zur Käsebereitung nötigen Milchsäurebakterien sind allerdings nicht enthalten. Beim Käsemachen muß man gerade dieser Milch Milchsäurebakterien in Form von Sauermilch, Buttermilch oder Joghurt zufügen. Geschmack und Vitamingehalt sind noch weitestgehend erhalten. Die Verwendung pasteurisierter frischer Vollmilch ist also meines Erachtens eine echte Alternative für alle, die keine frische Rohmilch haben.

Einen gewissen Nachteil, der sich aber nur bei länger reifenden Hartkäsen auswirken kann, hat jedoch diese Milch: Sie ist nämlich homogenisiert, das heißt, daß das Milchfett in winzig kleinen Kügelchen gleichmäßig verteilt in der Milch vorliegt und sie nicht mehr aufrahmen kann. Interessant zu wissen ist, daß die Homogenisierung ein physikalischer Prozeß ist, bei dem die Milch bei sehr hohem Druck durch entsprechende Rohrleitungssysteme gedrückt wird. Hierbei werden die Fettbestandteile feinst zerstäubt. Zwangsläufig werden aber auch die Hüllen um die Fettkügelchen, sozusagen ihre natürliche Verpackung, mit zerstört. Das jetzt ungeschützte Fett kann nun leichter durch bakterieneigene Enzyme, Licht und Sauerstoff in seine Bestandteile (Glycerin und Fettsäurereste) gespalten werden. Bei Käsen, die länger reifen müssen, kommt es deshalb bei Verwendung der homogenisierten Milch leichter zu einem ranzigen Geschmack. Dieses Problem ist aber dadurch zu lösen, indem man die Schnitt- und Hartkäse nicht allzu lange reifen läßt. Viele begeisterte „Käser“ werden häufig sowieso nicht abwarten können, bis der Käse richtig ausgereift ist.

Bei Frisch- und Weichkäsen spielt dieses Problem nach meinen Erfahrungen keine Rolle, da Frischkäse (Quark) nicht und Weichkäse nur relativ kurze Zeit (1–2 Wochen) reift.

Wie ist die Milch vor dem Verkäsen zu behandeln?

Milch gehört zu den am leichtesten verderblichen Lebensmitteln überhaupt. Deshalb gelten sowohl für die Rohmilch ab Hof als auch für die pasteurisierte Frischmilch aus dem Geschäft folgende allgemeine Hinweise:

Milch ist luft-, wärme- und lichtempfindlich. Deshalb

- nicht unnötig lange offen stehenlassen,
- vor Wärmeeinfluß schützen,
- nicht unnötig dem Tageslicht aussetzen.

Besonders nachteilig für die Milch ist die Einwirkung von Licht. Die UV-Strahlen mindern nicht nur die Nährstoffe, insbesondere Vitamine, sondern beeinflussen auch den Geschmack. Fachleute sprechen deshalb vom „Lichtgeschmack“. Und noch ein wichtiger Punkt. Milch nimmt, genau wie Käse, leicht Fremdgerüche an. Sie darf daher nicht neben stark riechenden Lebensmitteln in unverschlossenen Behältnissen aufbewahrt werden.

Wenn man unbehandelte Rohmilch ab Hof verkäsen will, darf die „Kühlkette“ nicht zu lange unterbrochen werden. Es ist also unbedingt darauf zu achten, daß man ab Hof nur gut gekühlte Milch erhält. Man kann jedoch auch, wie viele Milchkunden es auch wünschen, melkwarme Milch bekommen. Dann kommt es aber darauf an, daß man sie auf schnellstem Wege in den häuslichen Kühlschrank befördert. Daß die Transportgefäße und der Kühlschrank peinlich sauber sein müssen, versteht sich von selbst.

Wenn Rohmilch ab Hof verkäst wird, wäre es eigentlich ideal, wenn die zu verkäsende Milchmenge zu gleichen Teilen aus der Abend- und Morgenmilch besteht. Bei der Verkäsung von haushaltsüblichen Kleinmengen ist dies jedoch nicht immer möglich oder auch zu aufwendig. Es ist auch nicht Bedingung, sondern nur der Idealfall.

Der Hobbykäser sollte immer darauf achten, daß nicht ganz frische Milch verkäst wird. Die Milch sollte ungefähr 12 Stunden alt sein. Bei Kühlung der Milch um 5 °C kann Kuh-, Schafs- und Ziegenmilch auch noch am zweiten oder dritten Tag nach dem Melken zu Käse verarbeitet werden. Älter sollte sie aber nicht sein. Während dieser „Stehzeit" im Kühlschrank oder Kühlraum muß die Milch abgedeckt sein, da eine Infektion der Milch später zu einem Fehlfabrikat führen kann. Es ist jedoch darauf zu achten, daß die Milchbehälter nicht völlig luftdicht verschlossen sind, weil sich sonst unerwünschte Bakterienarten stark vermehren könnten und ebenfalls Fehlfabrikate die Folge wären.

In frischer Milch können sich die Bakterien in den ersten Stunden nicht stark vermehren, weil sie sich erst an das Medium Milch gewöhnen müssen. Nach ungefähr 10–12 Stunden ist diese ,,Gewöhnungsphase" beendet. Das ist die Erklärung dafür, weshalb man keine ganz frische Milch zu Käse verarbeiten soll. Die notwendigen Milchsäurebakterien, die der Milch in Form von Buttermilch, Sauermilch oder Joghurt zugegeben werden müssen, würden in den ersten Stunden nach dem Melken in ihrer Entwicklung stark eingeschränkt, so daß sie die dringend erforderliche Milchsäure nicht bilden könnten.

Bei Verwendung von pasteurisierter, frischer Vollmilch ist lediglich darauf zu achten, daß sie ebenfalls schnellstmöglich nach Hause gebracht und im Kühlschrank gelagert wird. Man achte beim Einkauf darauf, daß sie möglichst frisch, d. h. maximal 7 Tage alt ist. Dies ist leicht zu überprüfen, indem das Einkaufsdatum mit dem aufgedruckten Verfallsdatum verglichen wird. Die pasteurisierte Frischmilch hat nämlich ein Verfallsdatum, das ziemlich genau 7 Tage nach dem Abfülldatum liegt.

Wenn Rohmilch verkäst werden soll, sollte man, um Fehlfabrikate zu vermeiden, die Milch pasteurisieren, indem man sie kurz vor dem Käsemachen unter Rühren auf 72 °C erhitzt und dann möglichst rasch (Wasserbad) auf die jeweilig notwendige Verarbeitungstemperatur herunterkühlt.

Die Milch, aus der der Käse ist

Abschließend sei noch einmal auf die alles entscheidende Hygiene beim Umgang mit der Milch hingewiesen. Alle Gefäße, die mit der zu verkäsenden Milch in Berührung kommen, müssen sofort nach jedem Gebrauch sorgfältig mit heißem Wasser gereinigt werden. Das nützt alleine aber noch wenig, wenn nicht alle Räume, vom Milchsammelraum über den Kühlraum bis zur „Käseküche" peinlich sauber gehalten werden. Hygiene bei der Milchbehandlung und bei der Käsebereitung garantieren erst den Erfolg – einen köstlich schmeckenden hausgemachten Käse.

Was brauche ich zum Selberkäsen?

Eigentlich nicht allzuviel, was Sie nicht schon sowieso im Hause haben. Ist das nicht tröstlich? Nötig sind folgende Utensilien:

Topf

Er sollte ungefähr 5 Liter fassen, innen ohne Schadstellen sein, am besten aus Edelstahl, damit die Molkensäure nicht angreifen kann. Aluminiumtöpfe sind aus diesem Grunde nicht geeignet. Im Topf wird die zu verkäsende Milch auf die richtige Temperatur gebracht und dickgelegt.

Leinentücher

Am besten eignet sich echtes Käseleinen, weil es aus Naturfasern ist und die Webstärke ideal ist. Schon mancher Hobbykäser mußte nämlich bei der Verwendung von „Ersatztüchern" feststellen, daß die Molke nur schwer ablief, da sie zu dicht gewebt waren. Bei zu weiter Webung besteht die Gefahr, daß beim Pressen von Schnitt- und Hartkäse die Käsemasse in diese weite Porung eingedrückt wird, so daß das Austuchen des Käselaibs erschwert ist und die Rinde des Käses dabei beschädigt werden kann. Mit Leinentüchern kann man die Käsemasse von der flüssigen Molke trennen; sie dienen außerdem als Ausschlagtücher für die Käseformen.

Küchensieb

Es sollte aus Kunststoff oder aus Metall sein. Es dient ebenfalls zum Separieren von Bruch und Molke.

Dickmilchschneider (Käsegitter)

Er sollte aus lebensmittelechtem und säurebeständigem Metall oder Kunststoff sein. Der Dickmilchschneider dient dazu, die dicke, geronnene Milchmasse – je nach Käsesorte – in größere oder kleinere Dickmilchstücke (Bruchstücke) zu zerteilen, damit die Molke besser austreten kann.

Thermometer

Man kann sich ein geeichtes Getränke- oder Speisenthermometer kaufen oder vom Sterilisierthermometer die äußere Metallhülse entfernen. Das Thermometer ermöglicht eine exakte Messung der Erhitzung der Milch auf die jeweils vorgeschriebene Temperatur.

Käseformen

Käseformen gibt es im Fachhandel aus Kunststoff, Keramik und Holz. Für Frisch- und Weichkäse kann man sich leicht selbst welche herstellen. Geeignet sind Frischhaltedosen und Margarinebecher aus Kunststoff. Mit einem scharfen 4–6-mm-Metallbohrer bohrt man einfach in den Boden und evtl. auch seitlich ein paar Löcher; zweckmäßigerweise von innen nach außen, damit innen eine glatte Oberfläche bleibt. Für Schnitt- und Hartkäse ist aber unbedingt eine Käseform aus sehr festem Material (am besten aus Steingut ohne Bleiglasur) mit genau passendem Deckel erforderlich. Nur sie hält den relativ hohen Preßdruck aus.

Lab

Lab ist ein Enzym (Ferment) aus dem Labmagen von Kälbern. Es wird von der Industrie daraus gewonnen und in flüssiger oder fester Form angeboten. Lab hat die Eigenschaft, die Milch in relativ kurzer Zeit dick zu legen, d. h., das Milcheiweiß Kasein ohne Milchsäure gerinnen zu lassen. Flüssiglab sollte stets im Kühlschrank aufbewahrt werden. Lab in Pulver- oder Tablettenform muß trocken, kühl und dunkel gelagert werden. Lab sollte innerhalb eines Jahres verbraucht werden, da seine Wirkung sonst nachläßt. Immer auf die Vorschriften achten!

Starterkulturen

Neben der Milch sind zum Käsen auch noch Starterkulturen (Milchsäurebakterien) notwendig. Große Käsebetriebe arbeiten mit ganz speziell gezüchteten Bakterienrassen, die sie kontinuierlich verwenden. Im Privathaushalt genügt es, wenn man die zu verkäsende Milchmenge 1–2 Stunden vor dem Käsen mit Buttermilch, Dickmilch oder Joghurt „impft" (je nach gewünschtem Käse), so daß sich die in dem jeweiligen Milcherzeugnis befindlichen Milchsäurebakterien vermehren können. Der angewärmten Milch sollten mindestens 3 % (30 ml/Liter Milch) zugesetzt werden, für Frischkäse (Quark) 5 % (50 ml/Liter Milch).

Wichtig: Von besonderer Wichtigkeit ist, daß die als Starterkulturen verwendete Buttermilch, Dickmilch bzw. der Joghurt möglichst frisch, d. h. höchstens 14 Tage alt sind. Dies können Sie leicht am aufgedruckten Mindesthaltbarkeitsdatum prüfen. Diese 3 Erzeugnisse haben einen Haltbarkeitszeitraum von ziemlich genau 21 Tagen. Wenn also Buttermilch am 1. August hergestellt wurde, druckt die Molkerei den 21. August als spätestes Haltbarkeitsdatum auf. Es sei dringend empfohlen, nur solche Buttermilch zu kaufen, die noch mindestens 8 Tage bis zum aufgedruckten Mindesthaltbarkeitsdatum Zeit hat.

Käsepresse

Bei allen festeren und harten Käsesorten muß die Käsemasse zu einem Käselaib gepreßt werden. Es genügt keinesfalls, wenn zum Pressen auf den Deckel der Käseform ein Gewicht gestellt wird. Da die Käsemasse am Anfang immer viel Molke enthält, ist sie sehr weich und gibt deshalb einseitig nach, so daß das Preßgewicht herunterfällt. Um den Käse optimal pressen zu können, ist eine Käsepresse notwendig (s. Abb.). Diese kann mit etwas Geschick sogar selbst gebaut werden, im Fachhandel gibt es sie in verschiedenen Größen. Für die Hobbykäserei im Haushalt genügt eine nicht allzu große Presse, die relativ preiswert zu bekommen ist. Sie wird als Bausatz geliefert (mit Bauanleitung), ist aus echtem, unbehandeltem Kiefernholz und kostet ca. 60,– DM.

Hinweis: Für die häusliche Käsebereitung ohne Konservierungsstoffe wurden in den letzten Jahren komplette Sets entwickelt, die die Verkäsung kleiner, haushaltsüblicher Milchmengen ermöglichen. Sie enthalten alles, was jeder Hobby-Käser benötigt: Holz-Käsepresse, Käselaibformen, -leinentücher, -thermometer, Dickmilchschneider und Labtabletten (s. Abb.)[1].

[1] Bezugsquellen s. S. 98

Jetzt geht's mit dem Käsen richtig los

13 Regeln für das erfolgreiche Käsehobby

1. Hygiene bei allen Arbeiten ist die Grundlage und unabdingbare Voraussetzung für den Erfolg.
2. Alle Arbeitsgeräte (Topf, Schöpfkellen, Messer, Dickmilchschneider) sollen nach jedem Gebrauch mit heißem Wasser gereinigt, Käsetücher müssen ausgewaschen, dann wie Kochwäsche gekocht, gut getrocknet und vor dem nächsten Gebrauch nochmals kurz in kochendes Wasser gelegt werden. Feinmaschige Siebe sind ähnlich zu behandeln. Der winzigste Käserest infiziert den neuen Käse!
3. Die Milch ab Hof (Rohmilch) sollte nicht älter als 1 Tag, die pasteurisierte aus dem Geschäft nicht älter als 7 Tage sein (das Abfülldatum liegt 7 Tage vor dem aufgedruckten Mindesthaltbarkeitsdatum).
   Bei Rohmilch ab Hof sollte die Abendmilch genommen, bei 5–8 °C gekühlt und am nächsten Morgen verkäst werden. Noch idealer, jedoch nicht unbedingt nötig wäre es, wenn die letzte Abendmilch mit der nächsten Morgenmilch gemischt und gleich verkäst wird.
   Niemals noch warme Milch zu der bereits gekühlten schütten, da dies evtl. eine zu starke Bakterienentwicklung zur Folge hat. Wenn anschließend gleich gekäst wird, macht dies nichts, es gilt nur dann, wenn eine solche Mischmilch noch länger aufbewahrt werden soll. Außerdem sei nochmals darauf hingewiesen, daß Rohmilch ab Hof aus Sicherheitsgründen wie auf den Seiten 19–20 beschrieben pasteurisiert werden sollte.
4. Milch nach jedem Transport sofort wieder auf 5–8 °C herabkühlen und bis zum Gebrauch bei dieser Temperatur halten.
   Darauf achten, daß die Milch bei der Lagerung nicht völlig luftdicht abgeschlossen ist, die Milch kann „ersticken". Nicht zusammen mit stark riechenden Lebensmitteln lagern, da Milch gerne Fremdgerüche annimmt.
5. Die verwendeten Starterkulturen (Sauermilch, Dickmilch, Buttermilch und Joghurt) sollen nicht älter als 14 Tage sein (das Abfülldatum liegt hier ca. 21 Tage vor dem aufgedruckten Mindesthaltbarkeitsdatum).
   Starterkulturen immer 1–2 Stunden vor der Labzugabe in die erwärmte Milch einrühren.

6. Lab nicht über- oder unterdosieren. Labtabletten oder Flüssiglab in ⅓ Tasse lauwarmem Wasser auflösen (niemals heißes Wasser verwenden!), rasch mit einem Schneebesen in die auf vorgeschriebene Temperatur erwärmte Milch einrühren und die Milch dann sofort aus ihrer Kreisbewegung heraus stoppen.
7. Die geronnene Dickmilch auf den richtigen Bearbeitungsbeginn hin überprüfen (Messerprobe siehe Abb. gegenüber Seite 48). Zu früh bearbeiteter Bruch führt zu einem höheren Anteil an feinsten unerwünschten Bruchpartikeln, auch „Käsestaub" genannt.
8. Bei Schnitt- und Hartkäsen muß der Bruch noch nachgewärmt (gewaschen) werden (s. S. 50). Je höher die Nachwärmtemperatur und deren Dauer ist, desto fester wird der Käse, weil dann mehr Molke aus dem Käsebruch ausgeschieden wird.
9. Käse immer bei möglichst warmer Zimmertemperatur (20–22 °C) pressen, weil er sich dadurch insbesondere in seinen Randschichten besser verdichten kann. Bei allen Arbeiten mit dem Käse Zugluft vermeiden.
10. Die bei Edelpilzkäsen eingesetzten Schimmelpilzkulturen müssen von gesunden gekauften Käsen stammen, damit sie auch in oder auf dem neuen Käse wieder gut wachsen.
11. Weichkäse, die meist nur 1–2 Wochen reifen, alle 1–2 Tage wenden. Schnitt- und Hartkäse in den ersten beiden Reifewochen alle 2 Tage, dann nur noch einmal pro Woche wenden und auf Schimmelbefall kontrollieren, wenn nötig, mit starker Salzlösung abwaschen und wieder trocken reiben.
12. Das Wasser in der Reifebox alle 8 Tage wechseln.
13. Alle gemachten Erfahrungen und Beobachtungen bei der Käsebereitung aufschreiben und bei der nächsten Produktion mit einfließen lassen. Eigene Erfahrungen müssen zu den hier vorgestellten Praktiken immer noch dazukommen; sie ermöglichen zusätzlich individuelle Käsekreationen, die das Käsehobby besonders reizvoll machen.
(So bringt z. B. der Einsatz nur einer anderen Starterkultur bei einem Rezept oder eine nur um 1 °C höhere oder niedrigere Einlabtemperatur einen völlig anderen Käsegeschmack.)

Wie wird aus Milch Frischkäse (Quark)?

Die Bereitung von Frischkäse (Quark) ist mit Sicherheit die älteste Art der Käseherstellung. Er wurde aller Wahrscheinlichkeit nach schon vor Jahrtausenden hergestellt. In den letzten 100 Jahren wurde, vornehmlich auf dem Lande, die von den Molkereien an die Bauern zurückgelieferte Magermilch an einen warmen Ort (Ecke des Herdes) gestellt. Nach 1–2 Tagen war die Milch durch die Entwicklung der Milchsäurebakterien dick-sauer. Dann wurde sie auf ein Sieb oder ein Tuch geschöpft, durch das die Molke abtropfen konnte. Mit frischer Vollmilch genossen, mit Kümmel oder anderen Gewürzen und Kräutern abgeschmeckt, war und ist dies zu Brot oder zu Pellkartoffeln eine Delikatesse.

Qualitätsmerkmale bei Frischkäse sind Geschmack und Konsistenz. Normalerweise soll Quark reintönig und sauer schmecken (Sauermilchquark). Wenn der Quark zu sauer ist, liegt es daran, daß die Milchsäurebildung aus Milchzucker durch die Milchsäurebakterien schon zu weit fortgeschritten ist. Dies ist einigermaßen zu beeinflussen, indem der Quark schon während des Molkeablaufes in den Kühlschrank gestellt wird. Es bringt aber nicht das gewünschte Resultat, wenn z. B. die Menge der Kulturzugabe reduziert wird. Auch kann versucht werden, die Dickmilch etwas früher auszuschöpfen oder aber die Milch bei niedrigeren Temperaturen anzusetzen. Hier wird am besten selbst etwas experimentiert, um den „eigenen Weg“ zu finden. Dies gilt übrigens für die Herstellung aller hausgemachten Käse. Der richtige Zeitpunkt des Schneidens oder Anwärmens ist dann erreicht, wenn die Dickmilch beim Einschneiden mit einem Messer an der Schnittstelle stehenbleibt, also nicht mehr zusammenläuft. Quark sollte nach dem Abtropfen der Molke immer so rasch wie möglich auf 5 °C abgekühlt werden. Er enthält noch verhältnismäßig viel Wasser und ist deshalb bei nicht ausreichender Kühlung leicht verderblich. Bei allen Frischkäsen gilt: so schnell wie möglich verzehren! Und noch ein Hinweis: Quark nie einfrieren, da sich sonst aufgrund des hohen Wassergehaltes seine Struktur völlig verändert.

Quark kann sowohl aus entrahmter Milch (Magermilch) als auch aus Vollmilch gemacht werden. Weil aber insbesondere die hitzebehandelte Milch viel steriler als die unbehandelte Roh- und Vorzugsmilch ist, empfiehlt es sich, der Milch 5 % Buttermilch oder Dickmilch (Sauermilch) zuzugeben. Bei der Quarkbereitung ist es möglich, die Milch bei Zimmertemperatur (20 °C), aber auch bei 35 °C anzusetzen. Bei 35 °C läuft der Säuerungs- und Dicklegungsprozeß der Milch natürlich viel schneller und intensiver ab, bei niedrigeren Temperaturen werden jedoch der Geschmack und die Haltbarkeit etwas besser. Es ist auch gut möglich, der Milch außer Starterkulturen (z. B. Buttermilch) auch etwas Lab zuzugeben. In diesem Falle wird der Quark milder, und die Dicklegung ist eher beendet. Soll Quark mit Hilfe von Starterkulturen und gleichzeitig unter Verwendung von Lab entstehen, wird die Milch zunächst auf die gewünschte Temperatur gebracht, dann die Starterkultur eingerührt. Der Labzusatz erfolgt ungefähr 2–3 Stunden später (Labtabletten oder Flüssiglab vorher in etwas lauwarmem Wasser auflösen bzw. verdünnen). Das Einrühren des Labs in die Milch soll schnell, am besten mit einem Schneebesen geschehen. Man achte darauf, daß die sich schnell bewegende Milch mit dem Schneebesen sofort wieder angehalten wird. Bei Vollmilch ist ungefähr die doppelte Labmenge nötig. Wenn Milch auf diese Weise angesetzt wird, ist sie im allgemeinen früher dick als nur mit Hilfe von Startern.

Die dickgelegte Milch wird nun in Würfel von 2–3 cm Kantenlänge geschnitten, eine halbe Stunde ruhen gelassen und dann vorsichtig auf ein mit einem Käsetuch ausgelegtes Sieb geschöpft. Die vier Enden des Tuches werden dann verknotet. Das verknotete Tuch hängt man am besten über einem Auffanggefäß auf und sammelt die Molke, die gekühlt ein köstliches Getränk ist. Schließlich ist noch wichtig zu erwähnen, daß vorsichtig geschöpft wird, damit die Dickmilch nicht in zu kleine Partikel zerschlagen wird, die zum einen die Poren des Käsetuches verstopfen und zum anderen den Molkeablauf erschweren. Es soll nicht die ganze Molke abtropfen, da der Quark sonst zu trocken wird. Im Tuch bleiben ungefähr 200–300 Gramm/Liter Milch köstlicher Frischkäse zurück, der mit Sahne, Kümmel, Paprika, Schnitt- und Knoblauch, Meerrettich und vielem anderen nach eigenem Geschmack gewürzt werden kann.

Frischkäserezepte

Echter Sauermilchquark

Was brauche ich?

2 Liter Voll- oder Magermilch
6 Eßl. frische Buttermilch oder Sauermilch

So wird's gemacht!

Milch unter Rühren auf 30 °C erwärmen und die Butter- bzw. Sauermilch einrühren. Topf vom Herd nehmen und bei Zimmertemperatur stehenlassen, bis die Milch dick ist (je nach Witterung 1–3 Tage). Jetzt die Dickmilch mit dem Messer je 6- bis 8mal kreuz und quer schneiden. Nach 5 Minuten mit dem Rührlöffel alles ganz vorsichtig bewegen und weitere 5 Minuten ruhenlassen. Den Bruch jetzt vorsichtig auf ein in einem Sieb liegendes feuchtes Tuch schöpfen und bis zur gewünschten Konsistenz abtropfen lassen (Tuch an den 4 Enden zusammenbinden und aufhängen!). Man kann auch die geronnene Milch ungeschnitten auf 35 °C erwärmen und die Temperatur ½ Stunde lang halten, damit sich die Molke vom Bruch trennt. Dies geht am besten im Backofen oder auf der Platte. Jetzt die Dickmilch auf ein Tuch oder in ein Sieb schöpfen und abtropfen lassen.

Ein milder Joghurt-Lab-Quark

Was brauche ich?

2 Liter Voll- oder Magermilch
1 Naturjoghurt (150 g)
1 Labtablette

So wird's gemacht!

Milch unter Rühren auf 45 °C erwärmen und den Joghurt dazurühren. Labtablette in ⅓ Tasse Wasser auflösen und rasch mit dem Schneebesen einrühren. Die sich schnell bewegende Milch mit dem Schneebesen anhalten! Topf mit Deckel verschließen, in Decken einhüllen oder in eine Kochkiste stellen (es eignen sich auch eine Frischhaltebox oder sonstige Behältnisse aus Styropor, falls sie nicht zu groß sind). Nach ungefähr 2–3 Stunden ist die Milch dick. Jetzt die Milch mit einem senkrecht geführten Messer jeweils 6- bis 8mal kreuz und quer schneiden und 5 Minuten stehenlassen, leicht bewegen und weitere 10 Minuten ruhenlassen. Ein feuchtes, ausgewrungenes Tuch über ein Sieb legen und die Masse einschöpfen. Tuch aufhängen und Quark abtropfen lassen.

Tip: Möchte man den Quark etwas saurer, die Stehzeit der gerinnenden Milch einfach nach Wunsch verlängern.

Ein Quark auf die schnelle

Was brauche ich?

2 Liter Voll- oder Magermilch
1 Labtablette
1 Becher Joghurt

So wird's gemacht!

Milch und Joghurt unter Rühren auf 40 °C erwärmen und 1 Stunde warmhalten. Die in ⅓ Tasse Wasser aufgelöste Labtablette schnell einrühren. Topf warmstellen. Wenn die Milch eingedickt ist (ungefähr nach 2 Stunden), die Masse in Würfel schneiden, etwas ruhenlassen, dann vorsichtig ausschöpfen und nach Vorschrift abtropfen lassen.

Hinweis: Dieser Frischkäse ist sehr mild. Wegen der geringen Säure ist er gekühlt nur 2 Tage haltbar und muß also schnell gegessen werden! Besonders gut schmeckt er mit Honig, verschiedenen Konfitüren oder mit Zucker und Zimt.

Buttermilchquark

Was brauche ich?

2 Liter Magermilch oder fettarme Milch (1,5 %)
0,5 Liter frische Buttermilch

So wird's gemacht!

Milch mit Buttermilch verrühren und in einem Topf mit Deckel bei Zimmertemperatur 3–4 Tage ansäuern lassen. Die geronnene Milch in ein Tuch schöpfen und abtropfen lassen.

Tip: Dieser Quark eignet sich besonders gut für Desserts.

Frischrahmkäse – delikat

Was brauche ich?

2 Liter Vollmilch
250 ml saure Sahne
1 Labtablette

So wird's gemacht!

Milch unter Rühren auf 29 °C erwärmen, saure Sahne einrühren. Labtablette in ⅓ Tasse Wasser auflösen und schnell in die Milch einrühren. Topf an einen warmen Ort stellen und Milch über Nacht eindicken lassen. Dickmilch kreuz und quer schneiden und eine halbe Stunde stehenlassen. Den Bruch auf ein Sieb oder Tuch schöpfen und abtropfen lassen.

Sahnequark – einfach prima

Was brauche ich?

2 Liter Vollmilch
2 Eßl. Joghurt
2 Eßl. Crème fraîche
1 Labtablette

So wird's gemacht!

Milch unter Rühren auf 45 °C erwärmen, Joghurt und Crème fraîche einrühren, Topf zugedeckt 1 Stunde warm stellen. Labtablette in ⅓ Tasse Wasser auflösen und rasch einrühren. Topf zudecken und 8–10 Stunden bei Zimmertemperatur stehenlassen. Die Milch mit einem Messer 6- bis 8mal kreuz und quer schneiden, 5 Minuten ruhenlassen, leicht bewegen und nochmals 5 Minuten stehenlassen. Sieb mit nassem Tuch auslegen, Bruch einschöpfen und abtropfen lassen. Dieser Frischkäse schmeckt besonders gut mit Kräutern oder Meerrettich.

Tip: Wer ihn noch fetter will, kann noch etwas süße oder saure Sahne (Rahm) unterziehen.

Süßer Körner-Frischkäse als Dessert

Was brauche ich?

2 Liter Vollmilch
1 Labtablette
2 Eßl. süße Sahne
evtl. Zimt

So wird's gemacht!

Milch unter Rühren auf 40 °C erwärmen. Labtablette in ⅓ Tasse Wasser auflösen und schnell einrühren. An einem warmen Ort die Milch 1–2 Stunden eindicken lassen. Dann Topf auf den Herd stellen und das Molke-Bruch-Gemisch unter ständigem vorsichtigem Rühren mit dem Schneebesen auf Siedetemperatur bringen und die gesamte Molke verdampfen lassen.

Die süßen Frischkäsekörner (Milchzucker) kalt oder warm mit Sahne vermischen, nach Wunsch mit etwas Zimt bestreuen.

Hinweise: Es ist auch möglich, von Anfang an eine Zimtstange mitzukochen.

Während der ungefähr 2stündigen Verdampfungszeit braucht man nicht mehr zu rühren, nur in der Endphase, damit die Käsekörner nicht anbrennen. Die gelbliche, karamelartige Färbung kommt vom Milchzucker, der hauptsächlich in der Molke war.

Tip: Alle Frischkäse können bei Wunsch zu ansprechenden Käselaibchen gepreßt werden. Hierzu sind eine stabile Käselaibform mit passendem Innendeckel sowie eine Käsepresse notwendig (siehe Abb.).

Joghurt-Frischkäse

Was brauche ich?

2 Liter Vollmilch oder Magermilch
1 Naturjoghurt (150 g)

So wird's gemacht!

Aus der Milch zunächst nach Vorschrift (siehe S. 80) einen Joghurt bereiten. Den Joghurt dann auf 35 °C erwärmen und 30 Minuten bei dieser Temperatur halten (Backofen oder Elektroherdplatte). Im Tuch oder Sieb abtropfen lassen, bis die gewünschte Festigkeit erreicht ist. Nach Wunsch mit Gewürzen geschmacklich abrunden.

Eier-Frischkäse

Was brauche ich?

4 Eier
2 Liter Vollmilch
350 ml Sauermilch (Dickmilch)

So wird's gemacht!

Die Eier im Topf verquirlen, Milch und Sauermilch zugeben und alles intensiv verrühren. Topf auf den Herd stellen und unter Rühren auf der höchsten Stufe auf 90 °C bringen. Wenn die Masse gerinnt, Topf vom Herd nehmen und 15 Minuten stehenlassen. Masse aus der Molke schöpfen und in eine mit einem Tuch ausgeschlagene Form geben. Die Form muß so aufgestellt werden, daß die Molke ungehindert ablaufen kann.

Tip: Dieser Frischkäse schmeckt besonders gut mit Brombeermarmelade oder -kompott. Auch andere Marmeladen sind gut.

Frischkäse auf indische Art

Was brauche ich?

2 Liter Vollmilch
3 Eßl. Zitronensaft
1 Messerspitze Salz

So wird's gemacht!

Milch unter Rühren zum Wallen bringen. Vom Herd nehmen und mit einem Schneebesen Zitronensaft und Salz rasch einrühren. Milch auf Zimmertemperatur abkühlen lassen. Während dieser Zeit trennen sich Bruch und Molke. Nach dem Abkühlen die überschüssige Molke abgießen, den Rest mit der Käsemasse in ein Tuch schütten und abtropfen lassen. Quark in eine Käseform füllen und 2–3 Stunden nicht zu stark pressen (1-kg-Gewicht, äußere Kerbe), so daß der Käselaib in Scheiben geschnitten werden kann. (Hinweise zur Preßtechnik s. Seite 51–53.)

Körniger Frischkäse (Hüttenkäse)

Was brauche ich?

2 Liter entrahmte Milch (Magermilch)
6 Eßl. Sauermilch
1 Labtablette
etwas Salz
einige Eßl. saure Sahne

So wird's gemacht!

Magermilch unter Rühren auf 30 °C erwärmen, Sauermilch einrühren. 3–6 Stunden an einem warmen Platz säuern lassen. Danach die Milch unter Rühren erneut auf 32 °C erwärmen. Lab auflösen und zufügen und Topf wieder 2 Stunden (ohne Erschütterung) warm stellen. Eingedickte Milch mit einem Dickmilchschneider in einer Richtung schneiden (mehrere Bahnen nebeneinander), dann die Temperatur wieder langsam auf 47 °C erhöhen, dabei mit einem Rührlöffel immer vorsichtig rühren. Käsemasse behutsam in ein Küchensieb schöpfen, damit die Molke ablaufen kann. Während des Abkühlens die Masse ab und zu mit den Fingern kräftig durchgreifen, damit sich kleine Klumpen bilden. Nach 1 Stunde ist genug Molke abgelaufen. Die körnige Käsemasse in eine Schüssel geben, mit Sahne vermengen und mit Salz abschmecken.

Hinweis: Wem der Frischkäse zu mild ist, sollte die Sauermilchmenge etwas erhöhen oder die Standzeit von 3–6 Stunden noch etwas verlängern.

Kefir-Frischkäse auf die schnelle

Was brauche ich?

0,5 Liter Kefir
2 Liter Vollmilch

So wird's gemacht!

Milch unter Rühren zum Kochen bringen, Kefir einrühren, Topf vom Herd nehmen und 15 Minuten stehenlassen. Das Molke-Bruch-Gemisch auf ein Tuch oder in ein Sieb schütten und die Molke ablaufen lassen. In Formen füllen oder auf Teller stürzen.

Tip: Auf die gleiche Weise können auch Buttermilch-, Sauermilch- und Joghurt-Frischkäse gemacht werden. Man muß dann nur den Kefir durch die gewünschte Sauermilchart ersetzen.

Hinweis: Bei Quark- bzw. Frischkäse sollte darauf geachtet werden, daß weder zu viel noch zu wenig Molke austropft. Im ersteren Fall wird er zu trocken, im letzteren Fall zu naß! Die Abtropfdauer, damit er die gewünschte Konsistenz erreicht, ist nur schwer anzugeben. Hier muß jeder seine eigenen Erfahrungen sammeln.

Wie wird aus Milch Weichkäse?

Weichkäse heißen die Käsesorten, die im Gegensatz zu Schnitt- und Hartkäse einen etwas höheren Wassergehalt und darum eine weichere Konsistenz haben (z. B. Camembert, Brie, Münsterkäse). Ihr Trockenmassegehalt liegt zwischen 35 und 52 %. Während Schnitt- und Hartkäse in ihrer ganzen Masse reifen, reifen die Weichkäse von außen nach innen. Die Weichkäseherstellung in der eigenen Küche ist zwar etwas aufwendiger als die Frischkäsebereitung, aber trotzdem leicht und problemlos durchzuführen. Daß man keinen Original-Camembert, Limburger, Brie oder Romadur erhält, braucht einen nicht zu stören, da hierfür ja ganz spezielle Kulturen und „Geheimnisse" notwendig sind. Was man aber erhält, sind ganz edle hauseigene Kreationen, die mehr als ein Ersatz für die industriell erzeugten Käse sind.

Bei den Weichkäserezepten wird von einer zu verkäsenden Milchmenge von 2 Litern ausgegangen. Dies ergibt ungefähr 300 Gramm Käse, eine durchaus haushaltsübliche Menge. Bei größerem Käsebedarf kann die Zutatenliste einfach verdoppelt oder vervielfacht werden.

Nachfolgend möchte ich kurz die Technik für die Weichkäseherstellung im Haushalt exemplarisch beschreiben.

Bei den einzelnen Sorten im Rezeptteil wird dann nur noch die abweichende Bearbeitung dargestellt.

11 Schritte zum Weichkäse

1. Schritt: Erwärmung der Milch

2 Liter Milch unter ständigem Rühren auf 35 °C erwärmen (es können auch Temperaturen bis zu 38 °C gewählt werden, was den Käsegeschmack dann verändert). Wird Joghurt als Starterkultur verwendet, muß die Milch auf 40 °C erwärmt werden.

Warum die Milch erwärmen?

Erwärmte Milch ist die Voraussetzung für die Entwicklung der Milchsäurebakterien und für die Labwirkung.

2. Schritt: Zugabe der Starterkultur

Zu 2 Litern Milch jeweils nach dem Anwärmen 6 Eßl. Buttermilch (wahlweise Sauermilch oder Joghurt) einrühren (der Käsegeschmack wird sich je nach Starterkultur etwas verändern). Topf zudecken und 1 Stunde an einen warmen, erschütterungsfreien Ort stellen (z. B. Heizung, Ofen, Sonne, Omas Kochkiste, Heizraum, Heizkissen).

Warum Starterkulturen?

Die in der Buttermilch, Sauermilch bzw. im Joghurt befindlichen Säurebakterien säuern die Milch leicht vor und schaffen die Voraussetzungen für die bessere Labwirkung bzw. die Käsereifungsvorgänge und die Haltbarkeit des Käses.

3. Schritt: Dicklegung der Milch mit Lab

Nach 1–2 Stunden Stehzeit 1 Labtablette (oder die entsprechende Menge Flüssiglab) in die möglichst noch ca. 32° warme Milch mit dem Schneebesen einrühren, danach die Milch sofort wieder zum Stillstand bringen (Labtablette in ⅓ Tasse kaltem oder lauwarmem Wasser auflösen oder Flüssiglab in der gleichen Menge Wasser verdünnen). Milch wieder ungefähr 1½ Stunden warmhalten.

Warum Dicklegung?

Ziel der Dicklegung der Milch ist die Käsemasse oder der Bruch. Der Bruch oder die Käsemasse muß also von den flüssigen Teilen, der Molke, getrennt werden. Dazu ist in einem ersten Arbeitsschritt die Dicklegung der Milch (Bruchbereitung) und in einem zweiten die Trennung von Bruch und Molke nötig.

4. Schritt: Bruchbereitung (Schneiden der Dickmilch)

Die eingedickte Milch besteht zu etwa 90 % aus Molke (Käsewasser) und nur zu ca. 10 % aus Trockenmasse. Molke und Käsemasse (Bruch) müssen nun voneinander getrennt werden. Dies geschieht, indem die Dickmilch mit einem Dickmilchschneider (Käsegitter) in waagerecht liegende längliche Quader geschnitten wird. Die richtige Schneidetechnik wird auf der Seite 49 (Bruchbereitung) beschrieben.

Der richtige Schneidezeitpunkt wird durch die Messerprobe bestimmt. Bei der Messerprobe wird ein Schnitt von oben her in die Dickmilch gemacht, dann die Klinge unterhalb des Schnittes quer gehalten und die

Klinge dann nach oben gehoben. Die Schnittstellen müssen jetzt stehen bleiben und dürfen nicht wieder zusammenlaufen. Sollte die Masse noch nicht fest genug sein, die Milch noch etwas stehenlassen.

Warum schneiden?

Durch das Schneiden der geronnenen Milchmasse sammelt sich die Molke in den Schnittstellen, da sie aus dem Bruch austritt.

5. Schritt: Trennung von Bruch und Molke

Die geschnittene Dickmilch 10 Minuten stehenlassen. Dann alles mit einem Löffel langsam und vorsichtig bewegen und nochmals 10 Minuten ruhen lassen.

Warum Bruch und Molke separieren?

Um den Bruch als Ausgangsstoff für die Käseherstellung zu erhalten (durch die 2× 10minütige Standzeit bzw. durch das vorsichtige Umrühren tritt weitere Molke aus dem Bruch aus).

6. Schritt: Gewinnung des Bruches

Ist die 2 × 10minütige Standzeit um, eine Schüssel mit einem größeren Käseleinen auslegen – das zuvor in kaltes Wasser getaucht wurde – und das Bruch-Molke-Gemisch vorsichtig einschöpfen. Danach jeweils zwei Ecken des Leinens in eine Hand nehmen und beidseitig auf- und abbewegen (ca. 2 Minuten, der Bruch rollt dabei im Tuch nach rechts und links).

7. Schritt: Füllen des Bruches in die Käseformen

Nun kann der Bruch direkt mit einem Löffel in die mit einem feuchten kleinen Käseleinen ausgelegten gelochten Käseformen geschöpft werden. Die Formen können gut randvoll geschöpft werden, weil sich die Käsemasse nach dem Molkeaustritt noch stark setzt. Bruch nicht in die Form drücken!

Hinweise: Die Käseformen müssen während des Einfüllvorganges und beim anschließenden Abtropfen der Molke so stehen, daß die Molke sofort ungehindert auslaufen kann und der Käse keine „nassen Füße" bekommt.

Sollen Käse gemacht werden, die Gewürze wie z.B. Kümmel, Walnüsse, grünen Pfeffer, Knoblauch usw. enthalten, so mischt man die Gewürze einfach unter den Bruch. Hierzu wird der Bruch zunächst in eine kleine Schüssel geschöpft, mit dem jeweiligen Gewürz vermischt und dann erst in die Formen gefüllt.

Warum Schöpfen in Käseformen?

Durch das Einschöpfen des Bruches in Käseformen läuft die überschüssige Molke ab, darüber hinaus erhält der Käse seine ansprechende Form. Besonders schöne Käselaibchen entstehen, wenn die im Handel erhältlichen Käsekummen (Käselaibformen) verwendet werden und der Weichkäse nach jeweils einigen Stunden – wenn er fest genug ist – mehrmals gewendet wird.

8. Schritt: Austropfen des Weichkäses

Wenn die Käseformen gefüllt sind, wird das Käseleinen über die Käsemasse gefaltet, die dann bei normaler Zimmertemperatur zum Austropfen der Molke ungefähr 48 Stunden stehengelassen werden muß. Danach kann der Käse vorsichtig aus der Form genommen und ausgetucht werden.

Während der Austropfzeit alle 8–10 Stunden wenden, damit die Molke gleichmäßig abläuft und der Käse beidseitig rundgewölbt wird.

Warum austropfen?

Durch das Austropfen erhält der Käse die erforderliche Festigkeit (Konsistenz).

9. Schritt: Bad in der Salzlake

Nach dem Austropfen wird der Käse, je nach gewünschtem Geschmack, 1–3 Stunden in eine 15gewichtsprozentige Salzlake (Salzlösung) eingelegt. Der schwimmende Käse soll nach der Hälfte der Zeit gewendet werden, da er oben etwas aus der Lake ragt. Es ist auch möglich, den schwimmenden Käse mit einem kleinen Teller zu beschweren. Dann kann das Wenden entfallen.

Herstellung der Lake: 150 Gramm Salz in einen Meßbecher geben und mit kaltem Wasser bis zur Litermarke auffüllen – fertig!

Anmerkung: Die Temperatur der Salzlake sollte bei Weich-, Schnitt- und Hartkäse um ca. 15 °C liegen. Diese Temperatur wird ungefähr in der kühleren Jahreszeit erreicht, indem Leitungswasser benutzt wird. Dies hat im Normalfall ca. 10–15 °C, wenn es aus der Leitung kommt (2 °C plus oder minus schaden nicht). Wärmeres Wasser evtl. mit ein paar Eisstückchen herunterkühlen!

Warum den Käse salzen?

Das Salz verbessert den Geschmack, bewirkt eine größere Haltbarkeit und beeinflußt die Reifungsvorgänge.

10. Schritt: Trocknen des Käses an der Luft

Ist die Salzzeit herum, den Käse herausnehmen und auf einen Rost legen (oder auf die Käsereifehölzchen des Käsemach-Komplettsets für Weichkäse) und bei Zimmertemperatur 1–2 Stunden abtrocknen lassen (nicht einfach auf eine normale Unterlage legen, da der Käse auch von unten abtrocknen und daher belüftet werden muß). Nach der halben Trockenzeit wenden.

Warum soll Käse nach dem Salzbad lufttrocknen?

Durch das Trocknen an der Luft wird der Käseoberfläche Wasser entzogen. Die Salzkonzentration nimmt dadurch zu, und das Wachstum von Mikroben wird gehemmt, was zur Haltbarkeit des Käses beiträgt.

11. Schritt: Reifung des Weichkäses

Weichkäse läßt man je nach Sorte mehrere Tage bis maximal 2 Wochen (Camembert) reifen. Hierzu muß der Käse bei einer, je nach Käseart, vorgeschriebenen Temperatur und relativen Luftfeuchtigkeit gelagert werden. Diese Bedingungen werden am ehesten für den Hobbykäser mit der „Käsereifebox“ erfüllt, wie sie auf den Seiten 60 und 61 beschrieben ist. In ihr können alle selbstgemachten Käse gereift werden.

Warum Käsereifung?

Durch die Reifung erhält der Käse sein typisches Aussehen und seinen Geschmack, da erst die biochemischen Prozesse bei der Reifung die Käseinhaltsstoffe verändern.

Hinweis: Bei Wunsch können Weichkäse auch gepreßt werden. Die Preßdauer sollte nur wenige Stunden betragen (es ist so lange zu pressen, bis der Käse aus 2 Litern Milch 330 Gramm wiegt) und das Preßgewicht nicht schwerer als 1–2 kg sein (Pressen s. S. 51–53).

Weichkäserezepte

Bei den folgenden Rezepten muß zunächst ein Weichkäse nach dem 11-Schritte-System hergestellt werden. Danach ist beschrieben, was außerdem zu beachten ist, um den gewünschten Käse zu erhalten.

Hinweis: Wird bei einzelnen Weichkäserezepten neben der Vollmilch noch zusätzlich süße Sahne verwendet, so ist diese vor dem Erwärmen der Milch zuzugeben. Sahne kann bei allen Weichkäserezepten mitverwendet werden. Die Sahne macht den Käse cremiger und geschmackvoller; auch das manchmal beim Schneiden auftretende „Krümeligwerden" des Käses sowie das Austrocknen werden hierdurch vermindert oder verhindert.

Hochalmkäse

Was brauche ich?

2 Liter Vollmilch
4 Eßl. Buttermilch
1 Labtablette
etwas pulverisierter Schabziegerklee (Reformhaus)

Außerdem ist zu beachten:

Käse 3–4 Tage im Kühlschrank reifen lassen (Reifebox), dann herausnehmen, kurz in kaltes Wasser tauchen, abtropfen lassen und noch feucht im Klee wälzen. Danach noch 2–3 Tage bei 10–15 °C in der Box reifen lassen.

Pfefferkäse mit Promille

Was brauche ich?

2 Liter Vollmilch
3 Eßl. Joghurt
1 Labtablette
3 Eßl. Cognac oder Armagnac bzw. deutschen Weinbrand
geschroteter weißer oder schwarzer Pfeffer

Außerdem ist zu beachten:

- Milch auf 40 °C unter Rühren erwärmen.
- Den fertigen Käse in ein mit dem Weinbrand beträufeltes Tuch einschlagen und 1 Woche in den Kühlschrank legen.
- Vor dem Verzehr in geschrotetem Pfeffer wälzen und Pfeffer mit der Hand festdrücken.

Knoblauchkäse

Was brauche ich?

2 Liter Vollmilch
1 Becher süße Sahne (200 ml)
6 Eßl. Dickmilch (Sauermilch)
1 Labtablette
¾ Knoblauchzehe
(nach Wunsch mehr)
½ Teel. Salz

Außerdem ist zu beachten:

Den mit Salz fein zerriebenen Knoblauch mit etwas Molke oder lauwarmer Milch verrühren und unter den Bruch mischen. Käse 5–6 Tage in der Box bei 10–12 °C reifen lassen.

Tip: Dieser Käse kann auch gut in Olivenöl eingelegt werden. Er wird in Würfel geschnitten und abwechselnd mit zerschnittenen Weinblättern (frische kurz blanchieren) in ein Glas geschichtet. Ein paar zerstoßene Aniskörner mit eingelegt, verbessern das Aroma. Alles mit Öl übergießen und 1 Woche dunkel und kühl stellen, dann ist er genußreif.

Würziger italienischer Crescenza

Was brauche ich?

2 Liter Vollmilch
1 Becher süße Sahne (200 ml)
1 Becher frischer Joghurt
(150 g)
1 Labtablette

Außerdem ist zu beachten:

- Milch und Sahne auf 40 °C erwärmen.
- Die Salzbadezeit beträgt 3 Stunden.
- Käse bei Zimmertemperatur abtrocknen lassen.
- 5–6 Tage im Kühlschrank in der Box bei 9–12 °C reifen lassen.

Kräuterkäse

Was brauche ich?

2 Liter Vollmilch
1 Becher süße Sahne (200 ml)
6 Eßl. Buttermilch
1 Labtablette
1 Knoblauchzehe
1 geh. Eßl. feingewiegte Kräuter

Außerdem ist zu beachten:

- Milch und Sahne auf 33 °C erwärmen.
- Die Salzbadezeit beträgt 1 Stunde.
- Knoblauch mit Salz zerreiben und mit den Kräutern vermischen.
- Den aus dem Salzbad genommenen Käse naß in den Kräutern wälzen, sie fest andrücken und ihn dann 3 Stunden bei Zimmertemperatur abtrocknen lassen.
- Reifezeit 2–4 Tage im Kühlschrank in der Reifebox.

Mozzarella

Was brauche ich?

2 Liter Vollmilch
1 Labtablette

Außerdem ist zu beachten:

- Die Milch für Mozzarella braucht nicht mit Kultur geimpft zu werden.
- Milch auf 35 °C erwärmen, Labtablette auflösen und schnell einrühren, Milch 2 Stunden eindicken lassen.
- Salzbadezeit 1 Stunde.

Hinweis: Mozzarella ist ein ganz milder Weichkäse ohne Säure, der innerhalb weniger Tage verbraucht werden muß. Im Kühlschrank kann er in leicht gesalzener Molke (auf ½ Liter Molke 1 gestr. Eßl. Salz) etwas länger aufbewahrt werden.

Tip: Am besten schmeckt Mozzarella mit Tomaten oder einer Mischung aus Olivenöl und einem Schuß Kräuteressig. Feinschmecker bestreuen ihn mit frischem Basilikum. Man kann ihn auch in eine würzige Marinade einlegen (z. B. Olivenöl mit Weinblättern, Anis und Wacholderbeeren).

Weinkäse

Was brauche ich?

2 Liter Vollmilch
4 Eßl. Buttermilch
1 Labtablette
½ Liter Rotwein
8 Wacholderbeeren
2 Lorbeerblätter

Außerdem ist zu beachten:

- Den Käse 4 Tage in der Reifebox bei 12–16 °C reifen lassen.
- Dann den Käse in eine kleine Schüssel legen, Gewürze zugeben und alles mit Rotwein übergießen. 1 Woche bei 6–10 °C durchziehen lassen (Kühlschrank).

Hirtenkäse

Was brauche ich?

2 Liter Schafsmilch
2 Labtabletten
4 Eßl. Buttermilch

Außerdem ist zu beachten:

- Milch unter Rühren auf 29 °C erwärmen.
- Käse ungefähr 2 Tage bei Zimmertemperatur abtropfen lassen.
- Danach den Käse 2 Tage in eine Kümmel-Salz-Lake legen und kühl stellen (Kühlschrank).

Lakenherstellung: 500 ml Wasser, 1 Eßl. Salz und ½ Eßl. Kümmel in ein Gefäß geben, alles kurz aufkochen, erkalten lassen und über den Käse gießen.

Anmerkung: Mit Schafsmilch können praktisch alle Käsesorten hergestellt werden. Auch kann man Schafs- und Kuhmilch jederzeit mischen. Schafsmilchkäse braucht nicht so lange und so fest gepreßt zu werden. Eigene Erfahrungen sammeln!

Das Mischen verschiedener Milchsorten, auch in unterschiedlichem Mischungsverhältnis, ergibt immer wieder neue Geschmacksrichtungen.

Winzerkäse

Was brauche ich?

2 Liter Vollmilch
4 Eßl. Dickmilch (Sauermilch)
1 Labtablette
3–4 Weinblätter (frische oder in Salzlake eingelegt)
1 Tasse Weißwein

Außerdem ist zu beachten:

- Milch auf 36 °C erwärmen.
- Käse 2 Stunden im Salzbad lassen, herausnehmen und über Nacht bei Zimmertemperatur abtrocknen lassen.
- Ebenfalls über Nacht die Weinblätter in den Wein einlegen (frische vorher kurz in heißes Wasser legen).
- Am nächsten Morgen den Käse mit den abgetrockneten Weinblättern umwickeln, binden und 5–7 Tage in der Reifebox kühl reifen lassen.

Schichtkäse nach Großmutterart

Was brauche ich?

2 Liter Vollmilch
4 Eßl. Buttermilch
1 Labtablette
¼ Liter dicke, saure Sahne
½ Eßl. Salz

Außerdem ist zu beachten:

In eine Form wird ein Drittel des Bruches eingeschöpft und geglättet. Auf diese Schicht wird die Hälfte des Salzes gestreut und dann die Hälfte der sauren Sahne aufgetragen. Danach gibt man das zweite Drittel des Bruches darauf, das restliche Salz, hierauf den Rest der Sahne und zum Schluß das letzte Drittel des Bruches. Die Form stellt man 2 Tage so auf, daß die Molke ungehindert abfließen kann und der Schichtkäse keine „nassen Füße“ bekommt. Bereits dann kann der Käse verzehrt oder noch einige Tage im Kühlschrank gelagert werden.

Walnuß-Ziegenkäse

Was brauche ich?

2 Liter Ziegenmilch
1 Labtablette
4 Eßl. Dickmilch (Sauermilch)
Walnußblätter

Außerdem ist zu beachten:

- Milch unter Rühren auf 29 °C erwärmen,
- An einen warmen Ort stellen und mehrere Stunden (bis zu einem Tag) eindicken lassen (Gerinnungsprobe).
- Den in der Form mehrmals gewendeten Käse kurz in Branntwein oder Weinbrand tauchen und mit Walnußblättern (kurz in heißes Wasser tauchen und abtropfen lassen) umwickeln und umbinden.
- Käse in Reifebox 1 Woche reifen lassen (Kühlschrank).

Walnußkäse

Was brauche ich?

2 Liter Vollmilch
1 Becher süße Sahne (200 ml)
1 Becher Joghurt
¾ Labtablette
3 gehackte Walnußkerne

Außerdem ist zu beachten:

- Milch und Sahne auf 40 °C erwärmen.
- Walnüsse unter den Bruch mischen.
- 2 Stunden Salzbadezeit.
- Reifung: in der Reifebox 1 Woche im Kühlschrank oder bei 10–12 °C.

Tip: *Als Geschmacksvarianten kann man an Stelle der Walnüsse auch grünen Pfeffer, Kümmel, zerriebenen Knoblauch oder Kapern zum Bruch geben. Zugabemengen: ca. 3 gehäufte Teel. grüner Pfeffer oder ½ Teel. gehackter Kümmel (in heißem Wasser 10 Minuten ziehen lassen).*

Blau- oder Grünschimmelkäse

Was brauche ich?

2 Liter Vollmilch
4 Eßl. Buttermilch
1 Labtablette
1 Stückchen Schimmelkäse mit viel Edelschimmel (Erbsengröße)

So wird's gemacht:

1. Milch unter Rühren auf 32 °C bringen, Buttermilch einrühren.
2. Labtablette auflösen, schnell mit dem Schneebesen einrühren, Milch zum Stillstand bringen.
3. Topf 2–3 Stunden zugedeckt an einen warmen Ort stellen.

4. Dickmilch mit dem Dickmilchschneider in einer Richtung schneiden, 10 Minuten ruhenlassen.
5. Dickmilchwürfel vorsichtig auf ein feuchtes, sauberes Tuch schöpfen. Einen Teil der Molke ablaufen lassen (ca. 3–5 Minuten langsames Auf- und Abrollenlassen des Bruches im Tuch).
6. Edelpilzkäsestückchen in etwas Molke auflösen und vorsichtig unter die Käsemasse mengen, damit die Bruchstruktur nicht zerstört wird.
7. Den Bruch in die Form füllen, nicht festdrücken (zu diesem Zeitpunkt ist der Bruch sehr weich und enthält noch viel Molke).
8. Nach mehreren Stunden (wenn der Käse nicht mehr auseinanderfällt) in der Form und im Tuch wenden. Dabei kurz das Tuch in warme Molke tauchen, wieder um den Käse wickeln und in die Form legen.
9. Form 2 Tage bei Zimmertemperatur stehen- und abtropfen lassen, Käse mehrmals mit dem Tuch wenden.
10. Käse 3–4 Stunden in einer 15gewichtsprozentigen Salzlösung baden, zwischendurch einmal wenden, herausnehmen, abtrocknen lassen.
11. Käse mit einem ca. 4 mm starken Nagel, der in kochendem Wasser sterilisiert wurde, 15- bis 20mal von oben durchlöchern.
12. Käse in der Reifebox 2–3 Wochen bei 6–15 °C reifen lassen.

Achtung! Bei allen Edelpilzkäsen darf der Edelschimmel nur von einem gekauften Edelpilzkäse abgenommen werden. Vom eigenerzeugten Käse bitte den Schimmel nie verwenden, da nicht hundertprozentig sicher ist, ob sich nicht schon Fremdschimmel eingenistet hat.

Wichtig: Bei diesem Käse sollte man den Bruch nach dem Impfen mit Edelpilzkultur und vor dem Abfüllen in die Form noch ca. 10 Minuten stehen und somit abkühlen lassen. Hierdurch setzt sich die Käsemasse nicht so dicht zusammen; es entstehen kleinere Hohlräume, in denen der Pilz wachsen kann.

Käse nach Gorgonzolaart

Was brauche ich?

2 Liter Magermilch (entrahmte Milch)
1 Eßl. Buttermilch
1 Labtablette
1 kleines Stückchen Gorgonzola (mit viel Schimmel)

So wird's gemacht!

1. Milch unter Rühren auf 36 °C erwärmen, Buttermilch einrühren.
2. Labtablette in ⅓ Tasse auflösen und unterrühren.
3. Den Topf zudecken und an einem warmen Ort 5–6 Stunden stehenlassen.

4. Masse vorsichtig in ein Sieb oder Tuch schöpfen und abtropfen lassen.
5. Das Edelpilzkäsestückchen in etwas Molke verrühren und unter die Masse im Sieb bzw. Tuch mischen.
6. Käsemasse in Form schöpfen und bei Zimmertemperatur Molke 2–3 Tage ablaufen lassen, mehrmals den Käse wenden.
7. Käse 3 Stunden in eine 15gewichtsprozentige Salzlösung legen, dazwischen einmal wenden, herausnehmen und 3 Stunden abtrocknen lassen.
8. Mit einem sterilisierten 3–5 mm starken Nagel 15–20 Löcher bohren (damit der Edelpilz Luft bekommt).
9. Käse ungefähr 4–6 Wochen in der Reifebox bei 6–9 °C reifen lassen.
10. Alle paar Tage wenden, nach 2 Wochen nur noch zweimal pro Woche.

Camembert nach Art des Hauses

Was brauche ich?

2 Liter Vollmilch
8 Eßl. Dickmilch (Sauermilch)
20 cm² Edelschimmelkultur (von einem gekauften Käse)
1 Labtablette
1 Becher süße Sahne

Außerdem ist zu beachten:

- Die Sahne in die Milch einrühren.
- Den Edelpilz abschaben, feinhacken und unmittelbar vor der Labzugabe in die warme Milch einrühren oder unter die Bruchmasse mischen (beides ist möglich).
- Den Käse normal salzbaden.

Den Käse läßt man 10–14 Tage bei etwas kühlerer Temperatur (um 18 °C) in der Reifebox reifen. Auch Temperaturen zwischen 12–16 °C sind möglich. Während der Reifezeit alle 2 Tage wenden.

Hinweis: Der Camembert-Schimmel erscheint normalerweise nach 4–6 Tagen. Er überzieht den Käse gleichmäßig mit einem zarten Flaum. Erscheint der Schimmel nicht, was in seltenen Fällen einmal vorkommen kann, liegt die Ursache meist an einer zu alten Pilzkultur. Der Käse ist dann nach der Reifezeit trotzdem genießbar, sofern keine anderen Fremdschimmel (grüne, schwarze, graue, rote) gewachsen sind. Bei normalem Verlauf der Edelpilzentwicklung haben diese Schimmel jedoch kaum eine Chance.

Harzer Kümmelkochkäse

Was brauche ich?

500 g Joghurt-Lab-Quark (siehe Seite 28)

So wird's gemacht!

1. Sauermilchkäse in kleine Würfel schneiden.

250 g gereifter Sauermilchkäse (Harzer, Handkäse, Korbkäse)
50 g Butter
1 Teel. Natron
1 Teel. Salz
2 Teel. Kümmel
3 Eßl. süße Sahne
2 Eigelb
schwarzer Pfeffer

2. Butter schmelzen lassen.
3. Quark in einem Tuch auspressen.
4. Nach und nach kleine Portionen der ausgelassenen Butter zurühren und langsam zum Kochen bringen.
5. Käsewürfel langsam einstreuen und wieder laufend umrühren.
6. Ist der Käse geschmolzen, Natron und eine Prise Salz zugeben. Dann Topf vom Herd nehmen, da die Masse stark schäumt.
7. Wenn die Mischung glatt ist, mit Salz, Pfeffer und Kümmel würzen.
8. Eigelb mit Sahne verquirlen und in den nicht mehr kochenden Käse einrühren.
9. Käse schnell in kleine Töpfchen füllen und nach Abkühlung im Kühlschrank aufbewahren. Käse innerhalb weniger Tage verbrauchen.

Sauermilchkäse (Harzer, Handkäse, Korbkäse, Spitzkäse)

Was brauche ich?

1 kg Magerquark (gekauft oder aus magerer Sauermilch selbstgemacht)
15 g Salz
1 Teel. Natron
2 Teel. Kümmel

So wird's gemacht:

1. Den 3 Tage abgetropften Quark mit Salz, Kümmel und Natron sehr gut vermengen (Rührgerät).
2. Zu kleinen flachen Käsen formen (von Hand) oder fest in kleine Formen drücken. Falls Formen benutzt werden, Käse gleich wieder aus der Form klopfen.
3. Die Käse werden nicht salzgebadet.
4. Reifung: auf sauberen, trockenen und luftigen Unterlagen (z. B. engen Holzrosten, mit Gaze bespannten Holzrahmen) bei 15–18 °C 7–10 Tage. Käse regelmäßig wenden und die evtl. feuchte Unterlage durch eine trockene ersetzen.

Anmerkungen:
1. Sauermilchkäse kann zu Beginn der Reifung etwas schwitzen, trocknet aber nach wenigen Tagen wieder von selbst.
2. Ein besonders exzellentes Aroma bekommt der Käse, wenn er zu Beginn der Reifung mit der Schmiereschicht von z. B. Romadur oder

Limburger überpinselt wird. Hierzu mit einem Messer die Schmiere von einem gekauften Käse abnehmen, in wenig warmem Wasser auflösen und mit einem Pinsel über die Käschen verteilen. Das gleiche kann auch mit Camembert-Pilzkultur gemacht werden.

3. Sauermilchkäse ist mehrere Wochen lang haltbar.

Hinweis: Wenn der Käse beim Reifen auseinanderläuft, liegt dies daran, daß der Quark noch zu viel Molke enthält. Den Quark dann also noch etwas trockener zu Käschen formen.

Kochkäse nach Großmutterart

Was brauche ich?

500 g trockenen Sauermilchquark (aus eigener Produktion oder gekauften Magerquark)
50 g weiche Butter
2 Tassen Buttermilch oder Milch
1 Teel. Natron
1 Teel. Salz
2 Teel. Kümmel (10 Minuten in heißem Wasser weich werden lassen)
etwas frisch gemahlener Pfeffer

So wird's gemacht!

1. Den 3 Tage abgetropften Sauermilch-Magerquark mit Salz und Natron vermengen (Quark muß völlig trocken und bröselig sein!).
2. Flach in einer Schüssel ausbreiten und 3 Tage in einen warmen Raum (Küche) zum Reifen stellen. Quark täglich wenden, immer zudecken.
3. Wenn der Quark gelblich und glasig geworden ist, Käsegeruch und einen faden (nicht mehr sauren) Geschmack aufweist, ist er reif zur Weiterverarbeitung.
4. Butter in einem Topf zergehen lassen, gereiften Quark zerschneiden, zugeben und bei schwacher Hitze unter Rühren bis kurz vor dem Kochen erhitzen, ca. 10 Minuten bei dieser Temperatur halten und immer tüchtig rühren, da die Masse leicht anbrennt (evtl. Topf in ein Wasserbad stellen). Zwischendurch immer etwas Milch zurühren.
5. Wenn die Masse glattgerührt ist, mit Pfeffer und Kümmel würzen.
6. Käse unter Rühren langsam erkalten lassen und in kleine Steinguttöpfchen füllen, solange er noch dickflüssig ist. Im Kühlschrank hält sich der Käse gut 2 Wochen.

Wichtig! Dieser Käse gelingt nur, wenn der Quark vollkommen trocken und krümelig ist. Es ist darauf zu achten, daß Salz und Natron mit dem trockenen Quark sehr gut vermengt werden (evtl. elektrisches Rührgerät verwenden), so daß jeder Quarkkrümel mit Salz und Natron in Berührung kommt.

Tip: Die Konsistenz des Kochkäses ist abhängig von der Menge der zugegebenen Milch. Möchte man den Kochkäse streichfähig, ist einfach die Milchmenge zu erhöhen. Es ist auch möglich, zusätzlich süße Sahne unterzurühren.

Und zum Schluß ein Rezept aus Großmutters Kochbuch

Rahmkäse

„Man gibt in frische, auf 30 °C erwärmte Vollmilch zu je 2 Liter Milch eine kleine Labtablette unter Umrühren, deckt die Milch zu, damit sie annähernd die Temperatur behält, und läßt sie ruhig stehen. Nach 3–4 Stunden ist die Milch dick. Man prüft die geronnene Milch (Bruch) mit dem Finger, er soll sich über dem Finger glatt teilen, die Molke sich klar abscheiden. Der Bruch wird nicht zerkleinert. Die oberste Schicht wird mit flachem Schöpflöffel nach der Mitte zu umgelegt, damit der Rahm (Sahne) eingeschlossen wird. Man schöpft den Bruch sorgfältig in flachen Schichten auf ein mit einem Tuch belegtes Sieb, befördert durch Heben des Tuches vom Rande her das Ablaufen der Molke. Ist sie ziemlich abgelaufen, dann schöpft man den Bruch in eine Käseform (durchlöcherte Holz- oder Keramikform) oder in ein Haarsieb. Nach 4 Stunden ist die Molke vollends abgetropft, nun stürzt man den Käse vorsichtig auf ein Brettchen, läßt aber die Form darübergestülpt.

Am 2. Tag wird die Form entfernt, der Käse auf eine Strohmatte gelegt und gesalzen. Man rechnet mit 2–3 %, bestreicht damit die Oberseite und die Seiten mit der Hälfte des Salzes und wiederholt dasselbe am 3. Tag, nachdem man den Käse gewendet hat. Nun ist der Käse kühl (16 °C), luftig, bei täglichem Wenden auf frischer Matte zu lagern.

Nach 8 Tagen genügt es, den Käse alle 2–3 Tage zu wenden. Scheint der Käse zu trocken, so wird er mit einem in Salzwasser angefeuchteten Tüchlein zeitweise bedeckt. Der Rahmkäse kann frisch oder nach 3- bis 4wöchigem Reifen gegessen werden.“

Wie wird aus Milch Schnitt- und Hartkäse?

Schnitt- und Hartkäse sind Käse, die sich von Frisch- und Weichkäse durch einen noch geringeren Wassergehalt unterscheiden. Sie müssen mehr oder weniger stark und lange gepreßt werden, um die gewünschte Festigkeit zu erhalten. Schnittkäse hat einen Trockenmassegehalt zwischen 49 und 57 %. Er ist etwas weicher und saftiger als ein Hartkäse. Bekannte Vertreter des Schnittkäses sind z. B. Tilsiter, Gouda, Edamer und Trappistenkäse. Hartkäse haben einen Trockenmassegehalt von mindestens 60 %. Sie enthalten noch weniger Wasser und brauchen von allen Käsesorten die längste Reifezeit. Sie zeichnen sich durch einen ausgeprägten, edlen Geschmack aus und sind, wenn sie vor Austrocknung geschützt werden, sehr lange lagerfähig („Alter Käse und alter Wein sind sympathische Tischgenossen!"). Die bekanntesten Hartkäse sind Emmentaler, Bergkäse, Chester und Parmesan.

Um es gleich vorweg zu sagen: Diese Originalkäse können Sie zu Hause nicht herstellen. Zu vielfältig wären hierzu die Voraussetzungen wie z. B. gebietstypische Milchzusammensetzung, technische Einrichtungen und spezielle Bakterienkulturen. Es ist aber möglich, gute hausgemachte Schnitt- und Hartkäse zuzubereiten, die sich mindestens genausogut sehen und schmecken lassen können.

Da die Schnitt- und Hartkäsebereitung etwas arbeitsaufwendiger als die Frisch- und Weichkäseproduktion ist, wird hier von einer zu verkäsenden Milchmenge von 3 Litern ausgegangen. Man erhält hieraus ungefähr 330 Gramm Käse. Der noch Molke enthaltende Bruch aus dieser Milchmenge paßt gerade in die meisten vom Fachhandel vertriebenen Käseformen, die ca. 500 g bzw. 500 ml fassen.

11 Schritte zum Schnitt- oder Hartkäse

1. Schritt: Erwärmung der Milch

3 Liter Milch unter ständigem Rühren auf 36 °C erwärmen (Schafs- und Ziegenmilch auf 29 °C).

Warum wird die Milch erwärmt? Siehe Weichkäsezubereitung, S. 33.

Dickmilchschnittprobe mit Hilfe eines Messers zur Bestimmung des richtigen Bearbeitungsbeginns mit dem Dickmilchschneider (Anleitung hierzu siehe Seite 34)

Schneiden der mit Hilfe von Lab eingedickten Milch mit dem Dickmilchschneider

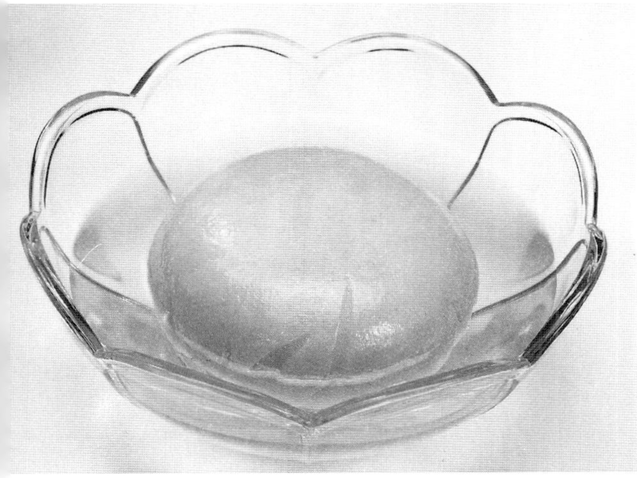

Käse im Salzbad

2. Schritt: Zugabe der Starterkultur

Der angewärmten Milch 6 Eßl. Butter- oder Sauermilch (Dickmilch) zufügen und verrühren. Topf zudecken und 1 Stunde an einen warmen Ort stellen (Heizraum, Kochkiste, in Decke einschlagen), so daß sie möglichst nicht unter 32 °C abkühlt. (Nach meinen Erfahrungen hat eine auf 36 °C erwärmte Milch nach 1 Stunde – warmer Standplatz vorausgesetzt – noch eine Temperatur von 32 °C.)

Warum Zugabe der Starterkultur? Siehe Weichkäsezubereitung, S. 34.

3. Schritt: Dicklegung der Milch mit Lab

Wenn erforderlich, die Milch nach dieser 1stündigen Säuerungszeit wieder auf 32 °C erwärmen (Schafs- und Ziegenmilch 29 °C) und 1½ in ⅓ Tasse kaltem Wasser aufgelöste Labtabletten schnell einrühren (oder die entsprechende Menge in Wasser verdünntes Flüssiglab). Topf abdecken und wieder 1½ Stunden warm stellen.

Warum Dicklegung der Milch? Siehe Weichkäsezubereitung, S. 34.

4. Schritt: Bruchbereitung (Schneiden der Dickmilch)

Ist die Milch eingedickt (siehe Abb. der Gerinnungsprobe zur Bestimmung des Bearbeitungsbeginnes gegenüber Seite 48), werden Würfel von ungefähr 1 cm Kantenlänge geschnitten. Dies geschieht mit einem Dickmilchschneider (Käsegitter, s. Abb. gegenüber S. 48), den man sich entweder selbst anfertigt oder kauft. Achtung: Bei eigener Anfertigung eines Dickmilchschneiders ist unbedingt darauf zu achten, daß das Drahtmaterial verzinnt ist, da die Molkensäure sehr aggressiv ist. Zum Schneiden der Dickmilch nimmt man den Dickmilchschneider hochkant zwischen Daumen und zwei Finger (s. Abb.) und fährt an der inneren Topfwand bis auf den Topfboden nach unten. Jetzt wird der Dickmilchschneider mit leichtem Druck (immer senkrecht halten!) zu der gegenüberliegenden Topfwand hin bewegt. Mit 3–4 Bahnen nebeneinander dürfte die Milch in „liegende Quader" geschnitten sein. Danach wird im Kreuz dazu geschnitten, so daß lauter 1 cm große Würfel entstehen – fertig.

Für Schnitt- und Hartkäse ist diese Bruchgröße aber immer noch etwas zu groß. Deshalb wird nach 10 Minuten Standzeit mit einem Schneebesen alles nochmals 10 Sekunden vorsichtig gerührt.

Warum muß die Dickmilch geschnitten werden? Siehe Weichkäsezubereitung, S. 34 und 35.

5. Schritt: Trennung von Bruch und Molke

Nach dem Rühren mit dem Schneebesen alles noch einmal 10 Minuten ruhenlassen.

Warum Bruch und Molke durch Rühren separieren? Siehe Weichkäsezubereitung, S. 35.

6. Schritt: Waschen des Bruches (Brennen)

Dieser Arbeitsgang ist *nur* bei der Schnitt- und Hartkäseherstellung notwendig.

Bei Schnitt- und Hartkäse muß der Bruch oder die Käsemasse zusätzlich noch „gewaschen" oder „gebrannt" werden. Hierunter ist ein Nachwärmen des Bruches auf 40 °C zu verstehen. Zum Bruchwaschen muß man unter ständigem vorsichtigem Rühren ganz langsam innerhalb von 5 Minuten so viel auf 50–60 °C erhitztes Wasser zugeben, bis im Topf eine Temperatur von 40 °C erreicht ist. (Vor dem Zufügen des warmen Wassers evtl. etwas Molke abschöpfen!) Während der folgenden 30 Minuten mit dem Schneebesen alles ab und zu ganz vorsichtig durchrühren, damit die Bruchkörner nicht zusammenkleben. Die Temperatur von 40 °C ist während dieser halben Stunde zu halten.

Hinweis: Nach dem Waschen sollte der Bruch eine matte, leicht gelbliche Farbe aufweisen. Wenn er noch glänzend ist, sollte er noch einige Minuten in der Molke stehenbleiben und evtl. durch Zugabe von warmem Wasser etwas nachgewärmt werden.

Warum muß der Bruch gewaschen (nachgewärmt) werden?

Das Bruchwaschen hat den Zweck, daß die Bruchkörner schrumpfen und mehr Molke als bei Weichkäse austritt. Hierdurch wird eine Verfestigung des Bruches erreicht und damit die Voraussetzung für die Festigkeit der Schnitt- und Hartkäse geschaffen.

7. Schritt: Weitere Behandlung des Bruches und Füllen in Käseformen

Nach dem Bruchwaschen wird der Bruch ganz vorsichtig auf ein Küchensieb geschöpft, das mit einem feuchten, sauberen Käsetuch ausgeschlagen ist. Das Ausschöpfen muß deshalb vorsichtig erfolgen, damit kein Käsestaub entsteht. Dieser verstopft nämlich die Poren des Tuches, und der Molkeablauf wird unnötig erschwert. Danach nimmt man 2 Zipfel des Tuches in jede Hand und läßt den Bruch unter Auf- und Niederbewegen der

Hände im Tuch auf- und abrollen, so daß der größte Teil der Molke schnell ablaufen kann. Wenn möglichst viel Molke abgelaufen ist (nach ungefähr 3–4 Minuten), wird der Bruch in die stabilen Formen gefüllt und sehr fest eingedrückt. Die Formen müssen mit einem kleinen, ebenfalls feuchten Käsetuch ausgeschlagen und möglichst heiß sein (am besten liegen die Formen bzw. die Tücher bis zum Gebrauch in heißem Wasser). Das Füllen der Formen sollte sehr rasch gehen, damit der Bruch möglichst wenig abkühlt. Die Bruchmasse mit dem Löffelboden insbesondere am inneren Formenrand immer sehr fest andrücken, damit in den Randzonen des Käses keine unerwünschten Hohlräume entstehen. Nach dem Einfüllen und Festdrücken des Käsebruches werden die Enden des Käsetuches möglichst faltenfrei über dem Bruch zusammengelegt und der Innendeckel aufgesetzt.

Warum Schöpfen in vorgewärmte Käselaibformen?

Durch das Einschöpfen der Bruchmasse in die Käseform erhält der Käse seine spätere Laibform und (durch das Tuch) eine geschlossene Oberfläche. Das starke Erwärmen der Formen ist erforderlich, damit sich die Randzonen des Käselaibes durch die Wärmereserve der Form besser schließen können, weil der Bruch an dieser Stelle etwas plastischer wird. Eine geschlossene Rindenschicht beim Käse ist Voraussetzung dafür, daß keine Schimmelpilze und andere unerwünschten Mikroben eindringen können.

8. Schritt: Pressen

Wenn Schnitt- und Hartkäse hergestellt werden sollen, ist es nicht, wie bei Frisch- und Weichkäse, ausreichend, den Bruch in Formen zu schöpfen und abtropfen zu lassen. Diese Käse müssen gepreßt werden, um die erforderliche Festigkeit und Haltbarkeit zu erreichen. Preßdruck und Preßdauer sind bei Schnitt- und Hartkäse etwas unterschiedlich, aber auch innerhalb der Schnitt- und Hartkäsegruppen kann er verschieden sein. Es können hier also nur ungefähre Angaben gemacht werden, die durch eigene Erfahrungen ergänzt werden sollten.

Wichtig ist – ganz gleich welche Preßvorrichtung benutzt wird –, mit einem geringen Preßdruck zu beginnen. In der Praxis macht man es so, daß man den Käse anfangs 2 Stunden lang mit einem Gewicht von ungefähr 3 kg je kg Käsemasse preßt. Für kleine Käseformen mit weniger als 1 kg Füllgewicht gelten ebenfalls 3 kg Preßdruck. Grundsätzlich kann gesagt werden, daß ein zu starker Preßdruck zu Beginn des Pressens die

Käseoberfläche zu stark verdichtet und hierdurch das notwendige Auslaufen der Molke sehr erschwert wird. Nach ungefähr 2 Stunden werden sowohl Schnitt- als auch Hartkäse in der Form und im Tuch gewendet und, je nachdem ob es sich um Schnitt- oder Hartkäse handelt, unterschiedlich stark und lange weitergepreßt. Diese Käse werden öfter in der Form, aber auch innerhalb des Tuches gewendet und möglichst faltenfrei wieder eingewickelt.

Bei Schnittkäse wird nach dem Wenden mit einem ungefähren Preßdruck von 6 kg bei Käselaibchen bis 1 kg Gewicht gearbeitet. Für schwerere Laibe gilt pro kg Käsegewicht jeweils 6 kg Preßdruck. Die Preßzeit beträgt ungefähr 6–12 Stunden, je nachdem wie fest man den Schnittkäse haben möchte. Den Käse während der Preßzeit noch 2- bis 3mal wenden.

Bei Hartkäse wird ebenfalls vorgepreßt, gewendet und mit ungefähr 15 kg pro kg Käsegewicht (auch bei Käsen von weniger als 1 kg) weitergepreßt. Die Preßdauer bei Hartkäse kann von 24–48 Stunden reichen, je nach Feuchtegehalt des Bruches und gewünschter Konsistenz des Käses. Am besten wird hier etwas experimentiert, um die eigenen Vorstellungen verwirklichen zu können.

Bei längeren Preßzeiten sollte der Käse zum besseren Molkeabfluß alle 8–10 Stunden gewendet werden. Bei größeren Preßgewichten müssen die auf dem Markt befindlichen Kleinkäsepressen für den Haushalt (s. Abb.) mit einer Schraubzwinge am Tisch befestigt werden. Bei Verwendung dieser nach dem Hebelgesetz funktionierenden Pressen muß beachtet werden, daß die angehängten Gewichte nur ein Drittel der angegebenen Preßgewichte betragen müssen, da diese mit Hilfe des Hebelarmes verdreifacht werden.

Hierzu ein Beispiel: Der Anfangspreßdruck soll bekanntlich 3 kg betragen. Hierzu hängt man ein 1-kg-Gewicht in die äußere Kerbe des Hebelarmes. Der tatsächliche Druck auf den Käse beträgt jetzt 3 kg.

Während der gesamten Preßdauer muß unter der gelochten Preßform ein Molkeauffanggefäß stehen, damit die Holzpresse nicht naß wird, da sich im durch die Molke aufgeweichten Holz viele Bakterien halten können, die einen permanenten Infektionsherd darstellen.

Wie schon an anderer Stelle erwähnt, genügt es nicht, auf den Deckel der Käseformen das entsprechende Gewicht zu stellen. Schon geringfügige Gewichtsverschiebungen genügen, daß das Gewicht herunterfällt bzw. der Käse schief gepreßt wird. Es muß also eine Käsepreßvorrichtung benutzt werden, deren Preßstempel in einer Führung läuft. Mit etwas Geschick kann man sich eine solche Preßvorrichtung selber bauen.

Beim Pressen ist schließlich noch darauf zu achten, daß der Käse nicht zu stark gepreßt wird, weil sonst die Käsemasse in die Tuchporen derart gedrückt wird, daß beim Austuchen des Käses kleine Stücke aus den Randschichten herausgerissen werden können. Kommt so etwas vor, so kann dies aber auch an einem zu wäßrig eingefüllten Bruch liegen.

Nach dem Pressen soll der Käse in jedem Fall fest, aber noch elastisch sein. Die Oberfläche ist bei richtig gepreßtem Käse nach dem Austuchen geschlossen.

Anmerkung: Beim erstmaligen Wenden des Käses im Tuch müssen die oberen Preßränder mit dem Messer vorsichtig abgeschnitten werden. Sie entstehen, weil der Innendeckel der Käseform im Durchmesser einige Millimeter kleiner ist als die lichte obere Weite der Käseform selbst. Durch den Preßdruck wird deshalb der Käse bzw. das Käsetuch zwischen Deckel und Formwandung gedrückt.

Wichtig: Alle Käse immer nur bei Zimmertemperatur (20–22 °C) pressen, weil sich dann der Käse besser verdichtet.

Tip: Es ist auch gut möglich, gleichzeitig 2 Formen übereinander unter die Presse zu stellen; sie wird so rationeller ausgenutzt. Das Preßgewicht muß nicht erhöht werden, beide Käse erhalten trotzdem den gleichen Preßdruck. Zu beachten ist nur, daß auf den Innendeckel der unteren Form eine kleine Scheibe aus Holz oder lebensmittelechtem Kunststoff gelegt wird, damit die obere Form sicher steht. Bei 2 Formen ist der Preßstempel entsprechend höher zu setzen.

Warum muß Schnitt- und Hartkäse gepreßt werden?

Ziel des Pressens ist der Austritt der Molke und damit die Zunahme der Trockensubstanz, die Formgebung des Käses und die Verdichtung der Außenhaut des Käses, um das Eindringen von unerwünschten Mikroben unmöglich zu machen. Durch die Absenkung des Wassergehalts im Käselaib wird auch erst die Haltbarkeit ermöglicht.

9. Schritt: Bad in der Salzlake

Ist die Preßzeit um, wird der Käse behutsam aus dem Tuch gewickelt (ausgetucht!) und danach 3–5 Stunden in eine 20gewichtsprozentige Salzlösung eingelegt. Diese Salzbaddauer gilt für Käse von 200–500 Gramm Gewicht. (Die haushaltsüblichen Käseformen fassen ungefähr 500 Gramm Käsebruch.)

Kleinere oder größere Käse benötigen dann natürlich eine entsprechend kürzere bzw. längere Salzbaddauer (s. Tabelle). Bei Halbzeit Käse wenden, da er schwimmt und etwas aus der Lösung ragt.

Zubereitung der Salzlake: 200 Gramm Kochsalz in einen Meßbecher geben und bis zur Litermarke mit kaltem Wasser auffüllen (Salzbadtemperatur ca. 15 °C).

Warum muß Schnitt- und Hartkäse „gebadet" werden?

Das Salz soll dem Käse weitere Molke entziehen (hygroskopische Wirkung). Daneben wird durch das Salz die Rinde oder Käsehaut gebildet und verfestigt. Schließlich hat das Salz einen Einfluß auf Geschmack, Reifung und Haltbarkeit.

Ungefähre Salzzeiten in Stunden	Käsegewicht
2	bis 200 g
3– 5	200–500 g
8–12	500–1000 g
14–16	1100–2000 g
20–30	2100–3000 g
30–35	3100–5000 g
bis 70	über 5000–10000 g

10. Schritt: Trocknen des Käses

Ist die Salzzeit um, wird der Käse aus der Salzlake genommen und zum Abtrocknen auf eine saubere Unterlage gesetzt, die auch von unten Luft an den Käse läßt (z. B. Kuchengitter, Holzrost, Käsereifehölzchen des Käsemach-Sets). Nach ungefähr 2 Stunden (je nach Feuchtigkeitsgehalt der Luft) ist der Käse bei Zimmertemperatur abgetrocknet und kann in die Reifebox gegeben werden.

Warum soll der Käse nach dem Salzbad kurz abtrocknen? Siehe Weichkäsezubereitung, S. 37.

11. Schritt: Reifung

Schnitt- und Hartkäse müssen, um ihren Genußwert zu erreichen, mehrere Wochen reifen (siehe auch: So einfach ist die Käsereifung, S. 60). Während dieser Reifezeit muß der Käse ständig überwacht und, wenn nötig, „gepflegt" werden. In der Praxis sieht das so aus, daß der Käse während der ersten 2 Wochen alle 2 Tage gewendet und bei geringstem Anzeichen von Schimmel mit einem in starker Salzlösung getränkten Tuch gut abgerieben wird. Es darf sich auf der Käseoberfläche niemals ein grauer, grüner, schwarzer oder rötlicher Schimmel bilden. Ab der dritten Woche genügt es, den Käse wöchentlich nur noch 1- bis 2mal zu wenden und, wenn nötig, abzuwischen. Schnitt- und Hartkäse brauchen eine Reifezeit von 4–8 Wochen.

Warum Käsereifung? Siehe Weichkäsezubereitung, S. 37.

Schnitt- und Hartkäserezepte

Bei den folgenden Rezepten muß zunächst ein Schnitt- bzw. Hartkäse nach dem 11-Schritte-System hergestellt werden. Danach ist beschrieben, was außerdem zu beachten ist, um den gewünschten Käse zu erhalten.

Halbfester Rahm-Schnittkäse

Was brauche ich?

3 Liter Vollmilch
200 ml süße Sahne (28 % Fett)
6 Eßl. Sauermilch
1½ Labtabletten

Außerdem ist zu beachten:

Dieser Käse soll nur mit einem Vorpreßgewicht von 3 kg insgesamt 10–15 Stunden gepreßt werden. Die Sahne wird der Milch am Anfang zugegeben. Die Salzbaddauer beträgt 3 Stunden.

Hinweis: Bei Verwendung von 3,5%iger Vollmilch zur Käsebereitung entstehen Rahmkäse mit ca. 50 % Fett i. Tr. Wer ihn noch cremiger und fetter und somit schmackhafter möchte, kann der Vollmilch vor dem Erwärmen noch etwas Schlagsahne zugeben (ca. 200 ml auf 2–3 Liter Milch). In diesem Falle entsteht dann ein Doppelrahmkäse mit ungefähr 60–70 % Fett i. Tr. Diese Vorgehensweise ist auch bei allen Frisch- und Weichkäsen möglich.

Schmalz-Schnittkäse

Was brauche ich?

3 Liter Vollmilch
6 Eßl. Buttermilch
1½ Labtabletten
10 g Salz
1 Teel. Schmalz

Außerdem ist zu beachten:

- Das Salz unter den Bruch mischen, Salzbad entfällt.
- Den Käse dreimal je 15 Minuten mit 3 kg pressen, dazwischen zweimal im Tuch und in der Form wenden.
- Danach den Käse mit 6 kg weitere 6–8 Stunden pressen, auswickeln und 2 Stunden abtrocknen lassen, mit Schmalz kräftig einreiben, in ein Tuch wickeln und alle 2 Tage wenden. Reifung: In einem kühlen Raum (ca. 10–15 °C) mehrere Wochen.

Schnittkäse nach Edamer Art

Was brauche ich?

3 Liter Vollmilch
6 Eßl. Buttermilch
1½ Labtabletten

Außerdem ist zu beachten:

- Die Salzbaddauer beträgt 5 Stunden.
- Normal vorpressen, wenden und noch weitere 12 Stunden mit 6 kg pressen.
- Reifung bei ca. 15 °C mehrere Wochen in der Reifebox, öfter nach Vorschrift wenden.

Hartkäse nach Chester Art

Was brauche ich?

3 Liter Vollmilch
6 Eßl. Dickmilch (Sauermilch)
1½ Labtabletten
10 g Salz

Außerdem ist zu beachten:

- Außer dem 5stündigen Salzbad wird dem Bruch noch das Salz zugemischt.
- Normal vorpressen (mit 3 kg), wenden und weitere 48 Stunden mit 15 kg pressen. Alle 8–10 Stunden wenden.
- Reifung: 4–6 Wochen bei 10–15 °C in der Reifebox.

Kräftiger Hartkäse

Was brauche ich?

3 Liter Vollmilch
6 Eßl. Buttermilch
1½ Labtabletten
15 g Salz

Außerdem ist zu beachten:

- Dieser Käse erhält kein Salzbad, es wird dem Bruch zugemischt.
- Normal vorpressen, wenden, 12 Stunden mit 6 kg pressen, wieder wenden und weitere 36 Stunden mit 15 kg pressen, öfter wenden.
- Nach dem Austuchen wird der Käse mit einem sehr dickflüssigen Mehl-Wasser-Gemisch dick eingerieben und in ein Baumwolltuch eingewikkelt.
- Reifung: 4 Wochen in einem kühlen, nicht zu trockenen, dunkleren Raum.

  Wenn man diesen Käse bei geringer Luftfeuchtigkeit aufbewahrt und bei

Temperaturen von ca. 15 °C 2 Monate reifen läßt, wird er ein sehr harter, leicht gelber Reibekäse. Käse alle paar Tage umdrehen, das Tuch aber nicht entfernen.

Salzlaken-Käse

Was brauche ich?

3 Liter Vollmilch
6 Eßl. Buttermilch
1½ Labtabletten
100–150 g Salz

Außerdem ist zu beachten:

Dieser Käse kommt nach dem Pressen nicht in ein Salzbad, sondern wird direkt in eine 10- bis 15gewichtsprozentige Salzlake zur Aufbewahrung und Konservierung gelegt. Der Käse macht so keine Reifung durch, er wird nur konserviert. Er kann schon nach einigen Tagen gegessen, aber auch länger in der Lake aufbewahrt werden.

Tip: Die Lake kann noch mit Wacholderbeeren bzw. -zweigen oder mit Kümmel aromatisiert werden. In diesem Falle wird die Salzlösung mit den Wacholderbeeren bzw. dem Kümmel kurz aufgekocht, wieder abgekühlt und dann über den in einem Einmachglas oder Steingutgefäß befindlichen Käse geschüttet. Den Käse mit einer Untertasse beschweren, da er sonst aus der Lake ragt.

Herstellung der Lake: 100–150 g Salz in einen Meßbecher füllen und bis zur Litermarke mit Wasser auffüllen.

Bauern-Hartkäse

Was brauche ich?

3 Liter Vollmilch
6 Eßl. Dickmilch (Sauermilch)
1½ Labtabletten

Außerdem ist zu beachten:

- 5 Stunden salzbaden.
- Normal vorpressen, im Tuch und innerhalb der Form wenden, dann 36 Stunden mit 15 kg pressen. Wenn möglich, alle 8–10 Stunden wenden.
- Reifung: 3–5 Wochen bei 10–15 °C in der Reifebox, öfter wenden.

Tip: Man kann diesen Käse, wie auch andere Sorten, nach Wunsch mit etwas Kümmel herstellen. Der Kümmel muß aber, um steril zu werden, 10 Minuten mit heißem Wasser überbrüht werden, gleichzeitig wird er dadurch weich. Man mische ihn dann unter den Bruch.

Butterkäse

Was brauche ich?

3 Liter Vollmilch
1 Eßl. Joghurt
1½ Labtabletten

So wird's gemacht!

1. Milch unter Rühren auf 45 °C erwärmen, Joghurt einrühren und Topf vom Herd nehmen.
2. Labtabletten in ⅓ Tasse Wasser auflösen und rasch in die Milch einrühren, Milch zum Stehen bringen.
3. Topf zudecken und warten, bis die Milch dick ist (Schnittprobe, s.Abb. gegenüber S. 48).
4. Mit dem Messer große Würfel von 4–5 cm Kantenlänge schneiden.
5. Mit einem Rührlöffel den Bruch vorsichtig in Bewegung halten, damit er nicht mehr zusammenklebt. Nach ca. 20minütigem Rühren sollte der Bruch ungefähr Kirschgröße haben.
6. Bruch vorsichtig und rasch in eine mit einem nassen Käsetuch ausgelegte Form schöpfen. Tuch und Form müssen vorgewärmt sein.
7. Tuch über dem Käse zusammenlegen und nach 2–3 Minuten wenden, vorsichtig auswickeln, neu einwickeln und wieder wenden. Das Aus- und Eintuchen muß so lange wiederholt werden, bis der Käse eine geschlossene Außenhaut hat (3- bis 4mal).
8. Jetzt kommt der Käse, der eingetucht in der Form liegt, für ca. 7 Stunden in einen Raum von 30–35 °C (Heizraum, evtl. auf Heizung stellen) zum „Schwitzen".
9. Danach Käse auspacken und 3 Stunden in ein Salzbad (15gewichtsprozentig) legen, dazwischen einmal wenden.
10. Käse aus dem Salzbad nehmen und abtrocknen lassen.
11. Reifung in der Reifebox 1–2 Monate bei ungefähr 5 °C. Während der ersten beiden Wochen alle 2 Tage, danach wöchentlich nur noch 2mal wenden.

Wichtig! Dieser Käse wird nicht gepreßt.

So einfach ist die Käsereifung in der improvisierten Reifebox

Alle Käsearten und -sorten, außer Frischkäse, müssen Tage, Wochen oder Monate reifen. Erst dann haben sie den vollkommenen Geschmack und ihren guten Geruch. Das Problem bei der Käsereifung ist immer, eine ausreichend hohe (80–90 %) relative Luftfeuchtigkeit zu halten und eine je nach Käseart erforderliche Temperatur zu gewährleisten. Da insbesondere diese hohe Luftfeuchtigkeit in den allermeisten Fällen im Privathaushalt nicht vorhanden ist, habe ich nach einer Lösung gesucht und folgende Möglichkeit gefunden, den hauseigenen Käse trotzdem reifen zu können.

Was müssen Sie tun?

Nehmen Sie eine ca. 5 Liter fassende saubere Steingut-, Glas- oder Kunststoffschüssel und gießen Sie eine Tasse Wasser hinein. Stellen Sie nun auf den Boden des Gefäßes (ins Wasser) einen Dessertteller. Auf diesen legen Sie einen kleinen (sauberen!) Holz- oder Metallrost oder die beim Käsemach-Set befindlichen Käsereifehölzchen (s. Abb.) und darauf den Käse. Über die Schüssel spannen Sie noch ein ganz normales (sauberes!) Küchenleinen, das durch 3 Wäscheklammern gehalten wird. Diese Reifebox wird nun in einem Raum gestellt, der die jeweils erforderliche Temperatur hat (z. B. Keller, Küche, Kühlschrank).

Tip: Bei einem größeren Reifebehälter und entsprechend mehr Wasser bzw. größerer Auflagefläche können gleichzeitig auch mehrere Käse gereift werden.

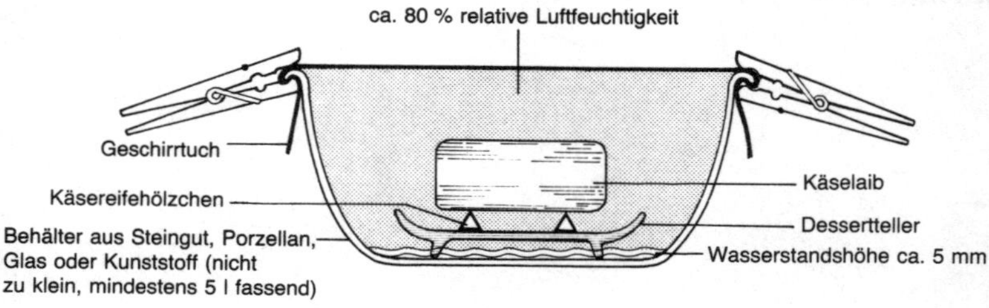

Was passiert während der Käsereifung in der Box?

Durch die ständige – wenn auch geringe – Wasserverdunstung in der Box ist immer die geforderte hohe Luftfeuchtigkeit vorhanden, so daß der Käse nicht austrocknen kann, außerdem kann immer etwas Frischluft durch das Tuch strömen, was sich hemmend auf schädliche Schimmelbildung und positiv auf die Käsereifung insgesamt auswirkt. Das Wasser muß unbedingt einmal wöchentlich erneuert werden. Vorher ist die Reifebox gründlich zu reinigen. Mit dieser einfachen und billigen Lösung haben Sie stets den idealen „Reiferaum" im Haus, in dem Sie alle Käsesorten reifen lassen können.

Wichtig: Die Reifebox niemals mit einem dicht schließenden Deckel abschließen! Das Tuch darf auch nicht zu dicht über den Käse gespannt sein.

Wie ist das mit Schafs- und Ziegenkäse?

Die bisher beschriebene Herstellungstechnologie des Käses bezieht sich hauptsächlich auf die Herstellung von Käse aus Kuhmilch. Wenn nun zusätzlich folgende Ratschläge beachtet werden, ist auch das Verkäsen von Schafs- und Ziegenmilch leicht möglich. Zunächst zur Schafsmilch:

Schafsmilch ist wesentlich fetter als Kuhmilch, außerdem enthält sie mehr Eiweiß. Innerhalb der Schaffamilie gibt es viele verschiedene Rassen, die ihrerseits wieder leicht unterschiedliche Milchzusammensetzungen aufweisen. Schafskäse ist – wie auch Ziegenkäse – immer eine Delikatesse. Aus der Antike weiß man, daß der Schafskäse der Käse „der Reichen" war. Die armen Leute mußten sich mit Kuh- oder Ziegenkäse begnügen. Verarbeitungstechnologisch kann Schafsmilch genau wie Kuhmilch verarbeitet werden. Ein Unterschied besteht nur in der Menge des Labzusatzes. Da Schafsmilch – wie gesagt – einen höheren Eiweißgehalt hat, muß die Labmenge verdoppelt bis verdreifacht werden. Eigene Erfahrungen sollten hier mit einfließen. Die Einlabtemperatur bei Schafsmilch beträgt 29 °C.

Aus Schafsmilch kann man praktisch alle Käsesorten herstellen. Es ist auch möglich, Kuh- und Schafsmilch vor dem Verkäsen zu mischen.

In sehr seltenen Fällen könnte es einmal vorkommen, daß ein Tier Tuberkulose oder auch Brucellose hat. Wer also ganz sicher sein möchte, sollte die Schafsmilch vor dem Verkäsen auf 72 °C erhitzen (pasteurisieren) und sofort wieder auf Verarbeitungstemperatur abkühlen.

Fett- und Eiweißgehalt der *Ziegenmilch* ist ähnlich der Kuhmilch, jedoch ist die Struktur der Ziegenmilch gänzlich anders. Der Fett- und Eiweißaufbau bei Ziegenmilch sind, chemisch gesehen, abweichend. Ziegenmilch z. B. rahmt praktisch nicht auf, bei Kuhmilch dagegen entsteht eine richtige Rahmschicht.

Wenn man Ziegenkäse herstellen möchte, sollte man auch beachten, daß es Ziegen gibt, die eine geschmacklich mehr oder weniger strenge Milch geben. In einzelnen Fällen kann sie sogar ungenießbar sein. Meist ist ein solch ungenießbarer Milchgeschmack erblich bedingt oder angeboren; schlechter Geschmack bei Ziegenmilch kann aber auch futterbedingt sein. In jedem Falle stehen Futterqualität und Milchgeschmack in einem engen

Zusammenhang, was sich natürlich auf den Käsegeschmack auswirkt. Es ist also darauf zu achten, daß für das Käsen nur wohlschmeckende Ziegenmilch verwendet wird.

Typisch für Ziegenmilch ist ein sehr weiches Eiweiß, was zunächst für die Käseherstellung eine ungünstige Ausgangssituation ist. Wegen des weichen Eiweißes waren immer längere Dicklegungszeiten mit Hilfe von Lab üblich.

Man kann den Käse frisch essen oder ihn auch länger oder kürzer reifen lassen. Ziegenkäse reift stets viel langsamer als Kuhmilchkäse. Trotzdem hat er schon ziemlich bald das arttypische Aroma. Schließlich ist zum Ziegenkäse noch zu sagen, daß er verhältnismäßig schnell einen leicht ranzigen Geschmack bekommt. Dies ist kein Fehler, sondern es ist für einen älteren gereiften Ziegenkäse geradezu typisch. Das schnellere Ranzigwerden wird durch die sehr feine Fettverteilung (ähnlich homogenisierter Vollmilch) bewirkt, da sie eine große Angriffsfläche für fettspaltende Enzyme und Licht bietet.

Hinweis: Auch Ziegenmilch sollte aus Sicherheitsgründen vor dem Verkäsen pasteurisiert und so rasch wie möglich auf die Verarbeitungstemperatur herabgekühlt werden. Die Einlabtemperatur bei Ziegenmilch beträgt 29 °C.

Käsefehler und ihre möglichen Ursachen

Bei der häuslichen Käseherstellung kann es natürlich auch einmal zu einem Fehlfabrikat kommen. Es gibt verschiedene Ursachen, von denen die wichtigsten im folgenden Abschnitt angesprochen werden.

Da die Milch und der aus ihr hergestellte Käse eine hochkomplexe organische Materie sind – von vielen Einflußfaktoren abhängig –, kann es immer mal wieder zu einem Käsefehler kommen, der aber in den seltensten Fällen zum Verlust des Käses führt. Auch Käsefehler haben wie alle anderen Fehler etwas Gutes: Man lernt aus ihnen.

Grundsätzlich muß man 2 Fehlerarten unterscheiden, nämlich die korrigierbaren und zweitens die irreversiblen, also nicht mehr korrigierbaren. Bei totalem Käseverderb (z. B. fauliger Geruch und Geschmack, verschimmelt) muß der Käse immer weggeworfen werden, da der Genuß zu gesundheitlichen Schäden führen kann.

Alle leichteren Fehler können, wenn sie frühzeitig erkannt werden, auch behoben werden. Oft ist mit einer solchen „Rettungsaktion" eine gewisse Qualitätsminderung verbunden, die aber in Kauf genommen werden kann. Die wichtigsten Käsefehler, die im folgenden besprochen werden, sollte man kennen, um ihre Ursachen möglichst auszuschließen.

Der Käse hat einen „Frühtrieb"

Einer der gefährlichsten, jedoch am frühesten erkennbaren Fehler beim Käsen ist der sogenannte Frühtrieb. Hierunter versteht man ein kugelförmiges Aufblähen des Käses, das spätestens im Salzbad sichtbar wird. Dieses hefeteigähnliche Auseinandergehen der Käsemasse wird durch Kolibakterien, welche Gase absondern, hervorgerufen. Der Frühtrieb trat früher in den Molkereien oder Käsereien weit häufiger auf als heute. Dies lag an den oft nicht ausreichenden hygienischen Verhältnissen. Wenn sich der Frühtrieb zeigt, sollte man zuerst an die vielleicht mangelnde Hygiene in der eigenen Käseküche denken.

Ein starker Frühtrieb ist das Schulbeispiel für einen nicht mehr zu korrigierenden Fehler. Tritt er ein, wird der Käse bitter, zum Teil so sehr,

:in Schmalztopf mit selbstgezimmertem, gelochtem Stampfeinsatz
nd Deckel aus Großmutters Küche

insatzbereites improvisiertes Butterfaß

Handbetriebene Buttermaschine

daß er nicht mehr genießbar ist. Bei nur schwachem Frühtrieb schmecken die noch jüngeren Käse anfangs leicht süßlich, wenn sie älter sind aber immer bitter. Käse mit leichtem Frühtrieb sollten, wenn der Fehler entdeckt wird, ohne weitere Reifung gleich gegessen werden. Stark getriebener Käse, oft mit aufgeplatzter Rinde, kann nicht mehr verwendet werden.

Mit einem kleinen Trick kann der Frühtrieb weitgehend ausgeschaltet werden. Der Milch sollten 1–2 Stunden vor dem Verkäsen Milchsäurebakterien zugegeben werden (Buttermilch, Sauermilch, Joghurt); so haben die Kolibakterien fast keine Chance, sich zu vermehren, es sei denn, in der Käseküche wird später unsauber gearbeitet. Dann kann es trotzdem zu einer Masseninfektion kommen.

Häufig ist auch mangelhafte Kühlung der Milch der Grund für eine starke Kolibakterien-Entwicklung.

Neben Kolibakterien können auch noch bestimmte Hefearten den Frühtrieb erzeugen. Diese Hefen ernähren sich von Milchzucker und scheiden als Stoffwechselprodukt Gas aus. Das Vorkommen von Hefen hat die gleichen Ursachen wie das Vorkommen der Kolibakterien, nämlich mangelnde Hygiene in der Milchgewinnungs- und -verarbeitungskette, zu geringe Milchkühlung oder überalterte Milch und zu geringe Milchsäurebakterienentwicklung. Positiv ist, daß im Normalfall der Frühtrieb, insbesondere bei kleineren Käsen, wie sie im Haushalt hergestellt werden, seltener vorkommt und die Folgen geringer sind als bei großen Käsen.

Hinweis: Wenn der Frühtrieb häufiger auftritt, sollte man die Rohmilch kurz pasteurisieren, d. h. unter Rühren auf gut 70 °C erwärmen und sofort wieder auf die jeweils vorgeschriebene Erwärmungstemperatur abkühlen (evtl. im Kaltwasserbad).

Der Käse hat einen „Spättrieb"

Hierunter versteht man ein ähnliches Aufblähen des Käses, jedoch zu einem späteren Zeitpunkt, ungefähr 2–4 Wochen nach dem Käsen. Im Normalfall ist die Gasentwicklung aber geringer als beim Frühtrieb. Verursacher des Spättriebes sind Buttersäuremikroben. Diese Bakterienart ist insofern besonders gefährlich, als sie im Gegensatz zu anderen Bakterien in ihren Körperzellen sehr resistente Sporen bildet, die z. B. bei einer Erhitzung der Milch nicht abgetötet werden und deshalb bei späteren günstigeren Bedingungen im Käse wieder auskeimen können. Diese spezielle Eigenschaft ist die Ursache für den Spättrieb.

Größte Infektionsquelle ist das Futter. Besonders in Silage (Silofutter) bilden sich große Bakterienpopulationen, aber auch in Stroh, warm gewordenem Gras und Heu.

Die einzige Möglichkeit, Buttersäurebakterien niederzuhalten, ist das Verabreichen von nur besten und hygienisch einwandfreien Futtermitteln. Silofutter sollte von dieser Sicht her nicht gegeben werden.

Ein Vorteil ist auch hier, daß vom Spättrieb meist nur größere Käse befallen werden. Wie beim Frühtrieb erhält der Käse einen unangenehmen, bitteren Geschmack. Die Lochbildung durch Gase ist aber oft geringer als beim Frühtrieb, was besonders beim Aufschneiden des Käses auffällt. Das ausströmende Gas verursacht beim Schneiden einen Buttersäuregeruch.

Außer Buttersäurebakterien können auch Propionsäurebakterien den Spättrieb auslösen. In diesem Falle ist aber der Geschmack des Käses im Vergleich zu dem von Buttersäurebakterien verursachten Spättrieb leicht süßlich, was von manchen Käsefreunden sogar als angenehm empfunden wird.

Geschmacksfehler des Käses

Der Käse schmeckt bitter

Wenn ein Käse bitter schmeckt, ist meist der schon besprochene Früh- oder Spättrieb die Ursache. Dies gilt besonders bei älteren Käsen. Der Käse kann aber auch bitter werden, wenn man zuviel Lab verwendet hat oder es an Milchsäurebakterien fehlt, weil die Starterkulturen zu gering bemessen oder schon zu alt waren. Die erwünschten Milchsäurebakterien können auch durch winzige Mengen von Reinigungs- und Desinfektionsmitteln bzw. Tierarzneimitteln in ihrer Entwicklung gehemmt werden, was ebenfalls zu einem bitteren Geschmack führt. Außerdem kann eine einseitige Fütterung – z. B. im Herbst nur mit Rübenblättern – die Ursache sein. Eine luftdicht verschlossene Milch während des Transportes und der Aufbewahrung kann ebenfalls leicht zu diesem Fehler führen (die Milch ist „erstickt"). Schließlich kann das Bitterwerden des Käses auch noch durch einen ungünstigen Reiferaum (fehlender Luftaustausch) entstehen.

Der Käse schmeckt sauer

Hierzu muß man wissen, daß ein mit Säurekulturen hergestellter Käse (Sauermilch, Buttermilch, Joghurt) am Anfang immer sauer schmeckt. Aus diesem Grunde ist ein leicht säuerlicher Geschmack des Käses ein Indiz für eine noch nicht abgeschlossene Reifung. Ist aber der Käse nach der Reifung immer noch sauer, liegt dies an einem Säureüberschuß (niedriger pH-Wert). Ursachen können in der zugegebenen Säuerungskultur oder beim Käsen selbst liegen.

Der Käse schmeckt streng

Dieser Geschmack kommt bei Ziegen- und Schafskäse häufig vor und ist, wenn er im Rahmen bleibt, in gewissem Maße als „arttypisch" anzusehen, besonders bei Ziegenkäse.

Der Käse schmeckt salzig

Wenn ein Käse stark salzig schmeckt, liegt es immer daran, daß er übersalzt wurde. Entweder dauerte die Salzbadzeit zu lange oder die Lake war zu stark. Zu bemerken ist, daß der Salzgehalt gleich nach dem Salzbad in den Randzonen des Käses viel größer ist als zu einem späteren Zeitpunkt, da die Salzmoleküle erst mit der Zeit nach innen wandern (Diffusion).

Der Käse schmeckt ranzig

Bei etwas älterem Ziegenkäse ist dieser Geschmack eigentlich normal. Gerade bei Ziegenmilch ist das Fett besonders fein verteilt, bietet also eine große Angriffsfläche für Sauerstoff und verschiedene fettspaltende Enzyme. Auch für andere Edelschimmelkäse ist dieser Geschmack mehr oder weniger typisch. Es gibt aber auch noch fettspaltende Mikroorganismen, die zwar bei einer hygienischen Arbeitsweise weniger Chancen haben, bei unsachgemäßer Verwendung von Wasser (z. B. beim Bruchwaschen) aber in den Käse gelangen und ihr Werk beginnen können.

Der Käse schmeckt faulig

Fauliger Käsegeschmack ist ein Indikator, der eine Eiweißzersetzung anzeigt. Eine normale und erwünschte Käsereifung (Gärung) hat nicht stattgefunden. Bei hygienischer Milchgewinnung, Behandlung und Verarbeitung zu Käse kann dieser irreversible Fehler kaum vorkommen. Käse, die faulig riechen oder schmecken, sind verdorben und müssen immer weggeworfen werden, da durch die Kaseinzersetzung Toxine (Giftstoffe) entstehen.

Zusammenstellung einiger typischer Käsefehler und deren Ursache

Fehlerbezeichnung	Ursache
	Äußere Fehler
Rindenkrebs	Penicillium brevicaule (Krebsschimmel) und schadhafte Rinde
Faulstellen, Rotfäule	Zu feuchte, dunkle Räume; Käse zu naß oder zu wenig gewendet; farbstoffbildende Bakterien
Schimmelig	Schadhafte Rinde, infiziertes Salzbad, zu kalte und feuchte Lagerräume
Rotfärbung, bankrot	Lagerung auf neuen, nicht genügend ausgelaugten und entkeimten Holzbrettern. Auch *Bact. proteus* und *Bact. aerogenes* (Infektion des Salzbades und des Schmierwassers) können Rotfärbung bewirken
	Innere Fehler
Blähend	Allgemeine Unsauberkeit, ungenügende Milcherhitzung, Infektion der Kultur
Kreidig, bröckelig	Zu hoher Säuregrad der Kesselmilch, zu später Beginn des Schneidens, zu hohe Temperatur in der Wanne, zu viel Lab, zu viel Salz, Reifung zu kalt
Rissig (Gläßler)	Übersäuerung, Kalkgehalt der Milch zu niedrig; Infektion durch Buttersäure-Bazillen; bei Emmentaler nach der eigentlichen Propionsäuregärung erneut einsetzende Gärung
Weich, schwammig	Einlabungstemperatur zu niedrig, Milch nicht reif genug; Kulturzusatz zu gering; Bruch nicht genügend ausgearbeitet, zu wenig Salz
Offen (Nißler)	Unsauberkeit; Fehler in der Anlieferungsmilch; Kalkgehalt zu gering
	Geruch und Geschmack
Sauer	Säuerungsgrade zu hoch, zu viel Molke im Bruchkorn
Salzscharf	Zu kräftiges Salzen, Temperatur des Salzbades zu niedrig
Bitter	Fehlerhafte Milch (bitter, stark futtrig); Reifegrad der Kesselmilch nicht ausreichend oder zu hoch; zu frühes und zu starkes Salzen; zu niedrige Reifungstemperatur
Seifig, laugig	Zu starke mechanische Beanspruchung der Milch vor dem Dicklegen; Fremdinfektion

Quelle: Kiermeier/Lechner, Milch- und Milcherzeugnisse, 1973.
Verlag Paul Parey, Hamburg und Berlin

Der Käse schimmelt

Käse ist ein idealer Nährboden für viele Kleinlebewesen tierischer (Bakterien) und pflanzlicher (Hefe, Schimmelpilze) Art. Bei geringstem Anzeichen von unerwünschtem Schimmel sind die Käse sofort mit einem in starkem Salzwasser getränkten Tuch intensiv abzuwischen. Dies ist bei erneutem Schimmelbefall häufiger durchzuführen. Wenn man über den Schimmel so nicht Herr wird, sollte man den Käse nicht weiterreifen lassen, sondern die Randschichten abschneiden und gleich essen. Ein bereits verschimmelter Käse muß weggeworfen werden, weil alle wilden Schimmel (außer Edelschimmel) Toxine bilden, die gesundheitlich sehr bedenklich sind. Um die Infektionsgefahr mit unerwünschtem Fremdschimmel (roter, grüner, grauer, schwarzer) so gering wie möglich zu halten, ist Hygiene die unbedingte Voraussetzung.

Noch ein Wort zur Molke

Molke, auch Käsewasser, fällt bei der Käseherstellung in großen Mengen an. Deshalb stellt sich die Frage, was am besten damit geschieht.

Zunächst muß man sich darüber im klaren sein, daß die Molke noch viele Vitamine und Mineralstoffe enthält, außerdem fast den gesamten Milchzucker, Eiweiß und Fettreste. Sie ist also vom ernährungsphysiologischen Standpunkt aus ein sehr wertvolles Getränk, das keinesfalls weggeschüttet werden sollte. Am besten füllt man sie in Schraubgläser ab und bewahrt sie im Kühlschrank auf. Die Haltbarkeit beträgt bei guter Kühlung ungefähr eine Woche. Am besten schmeckt Molke, wenn sie mit Fruchtsäften gemischt wird. Es genügen jeweils nur wenige Löffel Fruchtsaft pro Liter, um ihr einen köstlichen Geschmack zu verleihen. Wer bedenkt, daß für 1 Liter Molke 2,– bis 3,– DM ausgegeben werden müssen, erkennt den Wert der Molke besser. Eine Molkenkur ist geradezu ideal für Gesundheits- und Schlankheitsbewußte. Interessant ist dabei noch, daß Molke immer einen Teil von Milchsäure enthält, der sich positiv auf die Verdauungsvorgänge auswirkt.

Molke kann außerdem sehr gut zum Backen bzw. Herstellen von Waffel- oder Pfannkuchenteig verwendet werden. Auch hat sie eine hervorragende Wirkung als Gesichtswasser (Schönheitsmittel!). Hierzu schüttet man einfach etwas Molke auf einen Wattebausch und reinigt das Gesicht damit (bessere Wirkung wird erzielt, wenn die Molke vorher angewärmt wird). Auch als Bademittel kann Molke dem Badewasser in beliebiger Menge zugefügt werden.

Käse aufbewahren – aber wie?

Käse ist ein sehr empfindliches Lebensmittel. Durch Nachlässigkeit bei der Aufbewahrung kann er schnell an Qualität verlieren. Unterkühlung schadet ebenso wie Wärme, Licht und Zugluft.

Im allgemeinen soll Käse kühl, verpackt und dunkel aufbewahrt werden. Nicht ausgereifter Käse reift bei luftiger und nicht zu kühler Lagerung nach, z. B. unter einer Käseglocke. Je nach gewünschtem Reifegrad kann der Reifungsprozeß durch wärmere Lagerung beschleunigt oder durch kühlere bei 6 bis 8 °C verzögert werden. Für Frischkäse sind Temperaturen um 4 °C günstig, Hartkäse verträgt Temperaturen bis 0 °C. Allerdings hemmen Temperaturen unter 6 °C die Aromabildung. Käsearten mit Rinde sind haltbarer als rindenlose.

Speisequark hält sich in ungeöffneter Verpackung bei 4 °C bis zu 2 Wochen, in angebrochener Packung im Kühlschrank 3 bis 4 Tage. Bei Überlagerung werden Frischkäse schnell bitter und fangen an zu schimmeln.

Eine beginnende Schimmelbildung an Hart- und Schnittkäse kann mit einem salzwassergetränkten Leinentuch entfernt werden. Unverpackter Käse trocknet im Kühlschrank aus, verliert Aroma, und sein Geschmack wird von anderen Lebensmitteln beeinträchtigt.

Lichteinfluß verändert das Milchfett im Käse, so daß ein unangenehmer Geruch entsteht. Auch Vitamine gehen dabei verloren.

Alle Käse entfalten ihr Aroma besser, wenn sie eine Stunde vor dem Verzehr aus dem Kühlschrank genommen werden. Frisch geriebener Käse muß sofort verbraucht werden; getrockneter kann in der geöffneten Packung und im Kühlschrank 2–3 Wochen aufbewahrt werden.

Butter wie zu Großmutters Zeiten – einfach selbstgemacht

Wer selbst Brot backt, selber käst oder köstlichen Joghurt bereitet, sollte es auch einmal mit selbstgemachter Butter probieren. Es ist ganz einfach und macht viel Spaß. Auch schmeckt eine eigene Butter zu selbstgebackenem Brot viel besser. Daneben fällt Buttermilch mit Butterflöckchen an, die besonders edel schmeckt und die man sonst nirgends kaufen kann.

Was ist eigentlich Butter?

Butter ist ein aus Milch, süßer oder saurer Sahne (Rahm) gewonnenes Produkt, vereinfacht ausgedrückt das Milchfett von Rind, Schaf und Ziege. Butter aus süßem, also ungesäuertem Rahm wird als Süßrahmbutter und aus gesäuertem Rahm als Sauerrahmbutter bezeichnet. Die auf den deutschen Markt kommende Butter ist zu 98 % Sauerrahmbutter. Süßrahmbutter schmeckt milder, wie Schlagsahne. Sauerrahmbutter erhält durch aromatisch säuernde Bakterien den frischen, nußartigen Geschmack und das Aroma. Beide Sorten kommen auch gesalzen auf den Markt. Butter ohne besondere Bezeichnung liegt im Geschmack zwischen den beiden genannten Buttersorten. Wichtige Bestandteile der Butter sind die Phosphatide, wie z. B. Lecithine und phosphorfreie Glykolipide – chemische Verbindungen aus Fett und Zucker. Sie alle spielen als Bausteine für die Nervensubstanz eine große Rolle und haben die physiologische Aufgabe, die Fettsäuren im Organismus zu transportieren. Wichtig ist außer-

Nährwerttabelle Butter

In 100 g Markenbutter sind enthalten			
Eiweiß	0,7 g	Vitamin A	0,59 mg
Fett	83,2 g	ß-Karotin	0,38 mg
Wasser	15,0 g	Vitamin B_1	0,005 mg
Energie	3247 kJ	Vitamin B_2	0,020 mg
Lecithin	0,2 g	Vitamin E	2,2 mg

dem die Bedeutung der Butter als Träger der fettlöslichen Vitamine A und D. Zuletzt noch etwas zur Verdaulichkeit: Ein Fett, das einen höheren Schmelzpunkt hat als unsere Körpertemperatur, liegt als Klumpen im Magen und im Darm und kann nur schwer verdaut werden. Butter dagegen hat einen niedrigen Schmelzpunkt. Sie ist schon bei Körpertemperatur flüssig und dadurch besonders leicht verdaulich.

Butterschmalz oder auch Butterfett ist das vom restlichen Wasser und Eiweiß befreite Fett der Butter. Es eignet sich sehr gut zum Backen und Braten. Bei richtiger Lagerung hält es wesentlich länger als Butter.

Handelsklassen

Butter wird in drei Handelsklassen eingestuft.

Bewertet werden nach einem Punktesystem Geruch, Geschmack, Aussehen, Gefüge und Konsistenz. Jede dieser Eigenschaften wird mit bis zu 5 Punkten bewertet.

1. Markenbutter

Aus hocherhitzter und gekühlter Sahne. Mit mindestens 4 Punkten für jede Eigenschaft.

2. Molkereibutter

Aus Sahne oder Molkenrahm, die hocherhitzt und gekühlt wurden. Mit mindestens 3 Punkten für jede Eigenschaft.

3. Kochbutter

Mit mindestens 1 Punkt für jede Eigenschaft.

Die einzelnen Butterbezeichnungen sind also reine Güteklassen.

Schließlich müssen auf jeder Butterpackung ungekürzt und gut sichtbar folgende Angaben vorhanden sein:

Handelsklasse (z. B. Markenbutter), Gütezeichen, Gewicht, Name der Molkerei, Buttersorte (z. B. Sauerrahmbutter) und Mindesthaltbarkeitsdatum.

6 Schritte zur Butter

1. Schritt: Entrahmung der Milch

Zunächst wird die frische Vollmilch entrahmt, das heißt, das Milchfett wird von den übrigen Milchbestandteilen getrennt.

In der Molkerei geschieht dies mit den sogenannten Zentrifugen oder Separatoren. Um die Drehachse der Zentrifuge, also innen, sammelt sich der leichtere Rahm (Sahne). Die schwere Milch wird durch die Fliehkraft nach außen geschleudert und anschließend abgeleitet.

Im Privathaushalt stellt man die frische Rohmilch in einer flachen Schüssel 12–18 Stunden in einen kühlen Raum oder in den Kühlschrank. Je größer die Milchoberfläche und je geringer die Stehhöhe der Milch, desto leichter steigen die Fetttröpfchen nach oben. Nach der angegebenen Standzeit kann der süße Rahm (Sahne) mit einem flachen Löffel abgeschöpft werden (die Fettmolekühle schließen sich zu Fetttröpfchen zusammen, haben so eine größere Auftriebskraft und steigen nach oben). Einfacher und schneller geht das Entrahmen, wenn man in eine größere Kunststoffschüssel am unteren Seitenrand mit einem Metallbohrer ein kleines Loch bohrt, dieses von außen mit einem kleinen Gummikorken verschließt und nach dem Aufrahmen die Magermilch unten ablaufen läßt. Durch seitliches Hochkanten der auf dem Tischrand stehenden „Entrahmungsschüssel“ kann die Magermilch vollkommen abfließen. Wenn die ersten Rahmpartikel kommen, verschließt man das Ablaufloch wieder.

Tip: Die gewonnene Magermilch (entrahmte Milch) kann sehr gut zur Herstellung von fettarmem Joghurt oder Sauermilch-Käsebereitung bzw. zur Produktion von körnigem Frischkäse (siehe dort) verwendet werden. Auch gibt dies sehr guten Magerquark.

2. Schritt: Säuerung des Rahmes

Weil die Butterausbeute höher wird und die Butter aromatischer schmeckt, wird der Rahm nach der Gewinnung durch Zugabe von Milchsäurebakterien gesäuert. Zu diesem Zweck fügt man pro Liter Rahm 250 ml Buttermilch oder Sauermilch (Dickmilch) zu (verrühren!) und läßt das Ganze dann gut 1 Tag bei etwas kühlerer Zimmertemperatur stehen. Im Normalfall ist der Rahm dann ausreichend sauer.

3. Schritt: Buttern des Rahmes

Unter Buttern ist das mechanische Bearbeiten des Rahmes zu verstehen. Es geht einfach darum, daß der Rahm geschlagen oder gestoßen wird, damit die Eiweißhäutchen, die die Fetttröpfchen umschließen, aufgebrochen werden und es zur Entstehung des „Butterkornes", das sind größere Fettzusammenschlüsse, kommt. Dies kann gut eine halbe Stunde dauern, je nach Jahreszeit, Reifezustand und Temperatur des Rahmes mal etwas länger oder kürzer.

Wenn sich nach 30 Minuten Rühren oder Stampfen noch keine Butterflöckchen zeigen, kann dies daran liegen, daß der Rahm zu dick oder zu kalt ist. Wenn man dann etwas warmes Wasser zugibt und den Rahm weiter bearbeitet, kommt es sehr bald zum Klumpen des Rahmfettes.

Grundsätzlich wird der Rahm so lange bearbeitet, bis die Butterkörner ungefähr Maiskorngröße erreicht haben.

Wichtig: Im Sommer sollte der zu verarbeitende Rahm eine Temperatur von ungefähr 12 °C haben, im Winter zwischen 16 und 18 °C.

Zum Buttern benötigt man eine Buttermaschine oder ein Butterfaß. Buttermaschinen bzw. -fässer gibt es in allen Größen im Fachhandel als handbetriebene und als elektrisch betriebene Geräte. Für den normalen Hausgebrauch reichen kleinere Geräte für den Handbetrieb (siehe Abb.). Man kann sich aber auch selbst eine einfache, aber gute Möglichkeit zum Buttern schaffen, indem man einen 5–10 Liter fassenden Steinguttopf nimmt, dafür einen Holzdeckel aussägt und sich einen Stampfer bastelt (siehe Abb.). Diese Art des Butterns habe ich als kleiner Junge bei meiner Großmutter kennengelernt. Eine Abbildung des Gerätes finden Sie auf der Tafel gegenüber Seite 64.

4. Schritt: Trennen von Buttermilch und Butterkorn

Wenn die maiskorngroßen Butterkörner sichtbar sind, wird der ganze Inhalt der Buttermaschine vorsichtig in ein Sieb geschüttet, das auf einer Schüssel steht. Die Buttermilch läuft nun ab, das Butterkorn bleibt im Sieb zurück.

Die Buttermilch enthält noch winzige Butterflöckchen, die diese selbsterzeugte Buttermilch zu einem unvergleichlichen Genuß werden lassen. Buttermilch enthält ja alle Stoffe der Milch, nur das Fett fehlt. Durch die Säuerung ist die Milch auch besonders leicht verdaulich.

Tip: Selbstgemachter Buttermilchquark schmeckt auch vorzüglich (siehe S. 29).

5. Schritt: Waschen und Kneten der Butter

Die Buttermasse muß jetzt ein paarmal gut unter fließendem kaltem Wasser gewaschen werden. Während des Waschens muß die Butter von Hand kräftig geknetet oder mit 2 Holzspateln bearbeitet werden, damit möglichst alle Buttermilch herausgepreßt wird. Bei Wunsch kann zum Schluß dieser Arbeit etwas Salz in die Butter eingearbeitet werden.

6. Schritt: Die Butter wird geformt

Damit die Butter schön aussieht, wird sie zum Abschluß von Hand oder mit Hilfe einer Butterform (Model) geformt (das Auge ißt mit!). Von Hand ist die Butter nur formbar, wenn man die Hände vorher in möglichst heißes Wasser taucht und die Butter so schnell wie möglich in Form bringt. Verwendet man ein Buttermodel, muß es 30 Min. vor der Benutzung in heißes Wasser gelegt und dann kurz mit kaltem Wasser ausgespült werden. Die Butter wird so eingefüllt, daß möglichst keine Luftlöcher entstehen. Danach wird die Form auf einen Teller gestürzt.

Hinweis: Die Frage, wieviel Butter man erhält, kann nur annähernd beantwortet werden. Aus 1 Liter Kuhmilchrahm erhält man, je nach Fettgehalt, zwischen 100 und 150 Gramm Butter. Da Schafsmilch wesentlich fetter ist, kann die Butterausbeute hier pro Liter Rahm bis 350 g betragen. Die Farbe von Kuhbutter hängt von der Jahreszeit und der Futterart ab, Schafsbutter ist immer weiß. Kuhbutter ist immer etwas härter als die vom Schaf.

Joghurt – was ist das?

Joghurt ist eigentlich nichts anderes als Sauermilch, die ganz einfach hergestellt werden kann. Der Milch werden Bakterien mit dem geheimnisvollen Namen *„Lactobacillus bulgaricus"* und *„Streptococcus thermophilus"* hinzugefügt und das Ganze einige Stunden gleichmäßig bei 45 °C warm gehalten – fertig.

Joghurt ist ein Gesundmacher

Warum ist Joghurt so gesund? Ganz einfach:

Da ist alles drin, was auch in der Milch drin ist: Eiweiß, leicht verdauliches Fett, Calcium, Phosphor und Vitamine. Das Ganze wird durch die Säuerung leicht verdaulich gemacht, so leicht, daß manche Ernährungsforscher sagen, Joghurt sei bekömmlicher als süße Milch. Dies ist nicht bewiesen. Wir wissen aber, daß viele Menschen Joghurt essen können, die Milch nicht vertragen, z. B. solche, die eine Magenschleimhautentzündung haben. Die wichtigste Aufgabe des Joghurts besteht darin, auf den Darm aufzupassen. Seine Joghurtbakterien reinigen die Verdauungsorgane und beugen so einer der lästigsten Zivilisationskrankheiten vor, der Verstopfung. Das ist aber noch nicht alles. So ganz nebenbei regt Joghurt auch noch den Stoffwechsel an, beruhigt die Nerven, hilft bei Schlaflosigkeit, hohem Blutdruck und Allergien.

Joghurt ist ein Schlankmacher

„Schlank ist schön." Dieser Satz ist spätestens seit Twiggis Tagen nicht mehr wegzudenken. Schlank ist aber auch gesund. Die Ärzte hierzulande klagen immer noch, daß sich die Deutschen viel zu fett und viel zu reichlich ernähren und damit allen möglichen Krankheiten Vorschub leisten. Joghurt hat deshalb einen festen Platz in vielen Schlankheitsdiäten. Aber nicht nur als Zwischenmahlzeit – die eine Zeitlang ganz schön satt hält – ist Joghurt geeignet. Wenn man es geschickt anfängt, kann man sogar Kalorien (Joule) sparen, indem man beispielsweise die Mayonnaise beim Salat oder die saure Sahne an der Sauce ganz unauffällig durch Joghurt ersetzt.

Joghurt ist ein Schönmacher

Zwar, liebe Leser, haben Sie dies wahrscheinlich nicht nötig, doch ist interessant zu wissen, daß im alten Persien die Mütter ihren Töchtern Joghurt zu essen gaben, damit sie einen feineren Teint bekämen. Wer damals heiraten wollte, mußte seine Braut erst kaufen, und eine glatte, schöne Haut trieb die Preise hoch.

Die Frauen von heute reiben sich Joghurt und Molke ins Gesicht und sind damit gut beraten, mit Sicherheit besser als mit vielen chemischen Schönheitsmittelchen. Zum Beispiel führt eine Maske aus Sahnejoghurt trockener Haut gut aufnehmbares Milchfett und reichlich Vitamine zu. Eine Maske aus Magermilchjoghurt (fettarmer Joghurt), vermischt mit geschlagenem Eiweiß, pflegt und strafft fette Haut. Auch wenn die Haut durch einen kräftigen Sonnenbrand zerstört wurde, hilft Joghurt. Er wird dünn auf die verbrannten Hautbezirke aufgetragen und nach einer halben Stunde mit lauwarmem Wasser abgespült. Auf diese Weise werden der erste Schmerz gelindert und die Heilung beschleunigt.

Joghurt hat eine lange Tradition

Kennen Sie Kuomi, Dani, Lassi oder Chass? Diese und viele andere Namen trägt ein weißes Wundermittel, das seit Jahrtausenden in der ganzen Welt berühmt ist: Joghurt. Es hielt schon Abraham bis ins hohe Alter vital. Es half Moses, eine 40 Jahre lange Wüstenwanderung zu überstehen. Und ihm verdanken die Hebräer, daß sie heute „die alten Hebräer" genannt werden.

Dschingis Khan ließ große Mengen Joghurt an seine Soldaten verabreichen, bevor er sie in die Schlacht schickte, und praktizierte damit eine Art frühmittelalterliches „Doping".

Die Inder sagen dem Joghurt nach, daß er die Nerven beruhigt und friedlichen Schlaf bringt. Als die Yogis vor zweieinhalbtausend Jahren ihren Anhängern den Genuß saurer Speisen verboten, nahmen sie den Joghurt aus. Das sei – so argumentierten sie – eine göttliche Speise, besonders, wenn sie mit Honig vermischt werde.

Den Bulgaren gebührt das Verdienst, die göttliche Speise, die von ihnen „kisle mleko" genannt wird, in Europa eingeführt zu haben – und das ist auch schon 13 Jahrhunderte her. Doch erst in unserem kalorienzählenden Jahrhundert trat der cremige Schlankmacher vom Balkan aus seinen Siegeszug an.

Ein russischer Professor gab ihm die Starthilfe. Ilya Metchnikoff – so heißt der Forscher – entdeckte, daß in Bulgarien über 100 Jahre alte Menschen durchaus keine Seltenheit waren. Der Vergleich mit Amerika machte ihn stutzig. Sehr bald stieß er bei seinen Nachforschungen auf den reichlichen Joghurtverbrauch der Bulgaren und machte sich daran, die Speise, die vom französischen Eroberer Franz I. als „Milch des ewigen Lebens" in Frankreich bekannt gemacht worden war, zu untersuchen.

Was er dabei herausfand, überzeugte den späteren Nobelpreisträger endgültig.

Joghurt – so entdeckte er – bremst durch seine Bakterien die schädlichen Ausscheidungen wichtiger anderer Darmbakterien und trägt dadurch zur Verlängerung des Lebens bei. Fortan verschlang Metchnikoff täglich riesige Mengen Joghurt und versicherte, daß er dadurch 150 Jahre alt werde.

Sein Tod im Alter von 71 Jahren versetzte seinen Anhängern einen gewaltigen Dämpfer. Dem guten Ruf des Joghurts schadete das jedoch keinesfalls. Eleanor Roosevelt – einst First Lady der USA – rühmte ihn in Zeitschriften. Mahatma Ghandi empfahl ihn als Volksspeise, und die Bulgaren werden auch weiterhin steinalt.

„Wonderfood" nennen die Amerikaner ihre Joghurt-Wundernahrung, und das ist kein Wunder, wenn man bedenkt, wie vielseitig er zu verwenden ist.

Joghurt – ganz leicht selbstgemacht

Das Selbstmachen von Joghurt ist einfach und so preiswert, daß es mich wundert, daß diese Möglichkeit nicht noch mehr genutzt wird. Ein selbstgemachter Joghurt kostet höchstens die Hälfte. Außerdem weiß man, was drin ist.

Welche Milch ist geeignet?

Zur Joghurtherstellung kann grundsätzlich jede handelsübliche Milch aus dem Geschäft (auch H-Milch) in jeder Fettgehaltsstufe verwendet werden. Je nachdem, ob man einen Magerjoghurt oder ein fetteres Produkt möchte, kann Magermilch (entrahmte Milch – 0,3 % Fett), fettarme Milch (teilentrahmte Milch mit 1,5 % Fett) oder Vollmilch (mit 3,5 % Fett) gewählt werden.

Alle diese Milchsorten aus dem Geschäft sind homogenisiert, pasteurisiert oder ultrahocherhitzt. Sterilisierte Milch sollte, da viele Vitamine stark geschädigt sind, nicht genommen werden.

Rohmilch ab Hof sollte unter Rühren auf ca. 80 °C erhitzt und anschließend auf 45 °C abgekühlt werden. Zur Abkühlung stellt man die Milch ohne Deckel an einen kühlen Ort. Das Erhitzen der Rohmilch hat den Vorteil, daß ein Joghurt entsteht, der reintönig und mild schmeckt. Pasteurisierte oder ultrahocherhitzte Ladenmilch muß lediglich auf 45 °C erwärmt werden.

Joghurt wird heute bei uns nur aus Kuhmilch hergestellt, obwohl er in seiner Heimat Bulgarien früher nur aus Schafsmilch gemacht wurde.

3 Schritte zum Joghurt

1. Schritt: Erwärmung der Milch auf 45 °C

Die Milch in einen Topf geben und unter Rühren auf 45 °C erwärmen, vom Herd nehmen. Milch in ein Einmachglas oder eine Glas- oder Steingutschüssel füllen.

2. Schritt: Zugabe der Joghurtkultur

Der Milch werden jetzt Joghurtbakterien zugefügt. Dies kann in Form von Joghurtferment geschehen oder einfacher, indem man der Milch ungefähr 10 % ihres Gewichts an möglichst frischem Naturjoghurt zufügt (pro Liter 100 Gramm = 3 geh. Eßl.). Niemals Fruchtjoghurt verwenden!

Am zweckmäßigsten macht man es so, daß man den Joghurt mit etwas Milch verrührt und mit einem Schneebesen in die Milch einrührt.

3. Schritt: Warmhalten der mit Joghurtkultur geimpften Milch

Hier kommen mehrere Möglichkeiten in Frage. Entweder man stellt die Milch in den auf gut 50–60 °C aufgeheizten und nach 30 Minuten wieder ausgeschalteten Backherd (Thermometer) oder in eine gut isolierte Kühltasche bzw. in eine selbstgebaute isolierte Kiste entsprechender Größe. Nach 8–12 Stunden ist der Joghurt fertig. Es ist darauf zu achten, daß während dieser Standzeit jede Erschütterung vermieden wird.

Eine weitere Möglichkeit der eigenen Herstellung ist die Verwendung eines elektrischen Joghurtgerätes, das in verschiedenen Ausführungen (meist mit 6 Portionsgläsern) im Elektro-Fachhhandel zu kaufen ist. In diesem

Falle muß die Milch vorher natürlich nicht erwärmt werden. Dies besorgt das Gerät über Nacht selbst.

Tips: Wenn Sie den angesetzten Joghurt zusätzlich mit 1–2 gehäuften Eßl. Milchpulver verquirlen, wird der Joghurt noch fester und ist außerdem eiweißreicher. Wenn der Joghurt richtig süß schmecken soll, empfiehlt es sich, der Milch, bevor sie mit Joghurtkulturen versetzt wird, einige Löffel Zucker (auch Vanillinzucker) zuzumischen. Wer Fruchtjoghurt mag, mischt dem fertigen Joghurt Früchte, Marmelade, Konfitüre oder Gelee bei.

Wichtig! Von jedem fertigen Joghurt etwa 1 Tasse zurückbehalten. Er dient als Starterkultur für den neuen Joghurt. Wenn man mit einem gekauften Joghurt beginnt, kann man den Vorgang 4- bis 5mal wiederholen. Bei Einsatz eines Joghurtferments (Reformhaus) ungefähr 10- bis 15mal.

Kefir – eine klassische kaukasische Köstlichkeit

Die Heimat des Kefirs ist der Kaukasus. Biologisch gesehen ist Kefir ein Pilz, bei dessen Stoffwechsel Stoffe entstehen, welche nach Meinung bekannter Wissenschaftler und Autoren viele Krankheiten sowohl verhindern als auch heilen können. Kefir-Trinkkuren werden deshalb u. a. bei Stoffwechselerkrankungen, Krebs, Tuberkulose verordnet. Es ist z. B. nachgewiesen, daß der Kefirpilz in nur wenigen Tagen Thyphusbazillen vernichtet und sogar hartnäckige Diarrhoe beseitigen kann. Wenn man dies alles bedenkt, ist es um so mehr zu empfehlen, den Kefirpilz als ständigen „Hausgast" aufzunehmen.

Die Herstellung ist völlig unproblematisch, besonders deshalb, weil nicht wie beim Joghurt eine Wärmequelle benötigt wird. Der Pilz gedeiht und wächst am besten bei Zimmertemperatur (18–20 °C). Kefir hat den kleinen Nachteil, daß er nach der Herstellung selbst im Kühlschrank schnell sauer wird; er sollte darum möglichst frisch genossen werden. Der Kefirpilz verarbeitet einen geringen Teil des Milchzuckers in Milchsäure, einen größeren Teil in Alkohol + CO_2, worauf seine leicht prickelnde Eigenschaft zurückzuführen ist. Interessant ist auch zu wissen, daß Kefir im Gegensatz zu Joghurt eine stopfende Wirkung hat.

Welche Möglichkeiten gibt es, Kefir selbst zu machen?

Grundsätzlich zwei: Entweder Sie beschaffen sich von Bekannten oder Freunden einen kleinen Kefirpilz – dies wäre der Idealfall (ich weiß nicht, wo man den Kefirpilz kaufen kann) –, oder Sie besorgen sich in einem Reformhaus ein Kefirferment und verfahren nach Gebrauchsanweisung. Allgemein kann gesagt werden, daß bei der Verwendung eines Kefirfermentes genauso vorgegangen wird wie bei der Joghurtbereitung, nur mit dem Unterschied, daß die Milch nicht erwärmt werden muß.

Wenn Sie aber durch Glück einen Kefirpilz, er hat das Aussehen eines Blumenkohlröschens, das immer größer wächst, aufgetrieben haben, können Sie folgendermaßen vorgehen:

Suchen Sie sich ein Einmachglas mit Deckel (Sauberkeit versteht sich von selbst) und füllen Sie 1 Liter pasteurisierte Vollmilch oder Rohmilch bis ungefähr 3 cm unter den Rand ein. Jetzt fügen Sie den Kefirpilz hinzu, legen den Deckel auf und lassen das Glas bei Zimmertemperatur gut 1 Tag stehen. Dann ist die kaukasische Köstlichkeit fertig. Alles wird durch ein Sieb gegossen und im Kühlschrank aufbewahrt. Möglichst schnell trinken.

Im Sieb bleibt der Pilz zurück. Er wird mit kaltem Wasser abgebraust und sofort wieder, wie beschrieben, mit Milch angesetzt.

Wenn man einmal keinen Kefir machen will, so achte man darauf, daß der Pilz während dieser Zeit laufend mit Milch bedeckt ist. Diese Milch muß aber täglich durch frische ersetzt werden, da der Pilz sonst Fäden zieht. Falls dies einmal passieren sollte, kann er meist noch gerettet werden, indem er gründlich in stark warmem (nicht heißem) Wasser abgebraust wird. Alle weichen Teile sind dann zu entfernen. In seinem Zentrum sind im Normalfall noch einige gesunde Kefirknötchen mit fester Struktur, die wieder als Ansatz verwendet werden können.

Wieviel Kefirpilz jeweils in die Milch gegeben wird, hängt ab von individuellen Geschmackswünschen: Jeder sollte selbst ausprobieren, wieviel Pilze er verwenden möchte.

Tip: Wenn Sie in Urlaub fahren oder längere Zeit abwesend sein müssen, so kann der Kefirpilz in einem Becher mit Wasser verdünnter Milch auch eingefroren und bei Bedarf wieder aufgetaut werden. Der Pilz wird durch das Einfrieren zwar leicht geschädigt, er erholt sich aber innerhalb weniger Tage wieder.

Gutes von und mit Käse

Joghurtkäse mit Gurken – für 4 Personen –

Was brauche ich?

1 Liter Joghurt
2 mittelgroße Gurken, geschält, entkernt (wenn die Kerne groß sind) und feingehackt
60 g rote Zwiebeln, sehr fein gehackt
4 Radieschen
60 g Walnüsse, feingehackt
30 g Korinthen
1 Eßl. feingehackter Dill
1 Eßl. feingehackte Weinblätter
Salatblätter
Salz

So wird's gemacht:

Käseleinen in Wasser tauchen, auswringen und über ein Sieb legen. Den Joghurt kreuz und quer mit dem Messer schneiden und vorsichtig in das Käseleinen schütten. Jeweils die gegenüberliegenden Ecken des Käseleinens fest zusammenbinden, so daß ein Beutel entsteht. Den Beutel über Nacht über eine Schüssel hängen, bis ein cremiger Frischkäse entsteht. Wenn er streichzart ist, den Joghurt-Frischkäse aus dem Beutel in eine Schüssel umfüllen. Alle Zutaten mit Ausnahme der Salatblätter zum Joghurtkäse geben und gut vermischen. Die Mischung mit einem Eisportionierer zu Kugeln formen und auf einer mit Salatblättern belegten Platte anrichten und gut gekühlt servieren.

Gegrillter Schafskäse – für 4 Personen –

Was brauche ich?

300 g Schafskäse
30 g zerlassene Butter
Paprika, edelsüß

So wird's gemacht:

Den Käse in 4 dicke Scheiben schneiden. Jede Käsescheibe auf ein gut mit Butter bestrichenes Blatt Pergamentpapier von 20 × 25 cm Größe legen. Mit einer Prise Paprika bestreuen und ihn dann in das Papier einschlagen.

Ein kräftiges Holzkohlen- oder Holzfeuer vorbereiten. Wenn die brennenden Holzkohlestückchen mit grauer Asche bedeckt sind, die 4 Käsepäckchen so auf den heißen Grill legen, daß sie ungefähr 10 cm von der Holzkohle entfernt sind. Etwa 2½ bis 3 Minuten garen, zwischendurch einmal umdrehen. Das Pergamentpapier soll von dem Rost des Grills gemustert und leicht angekohlt, aber nicht verbrannt sein. Eine Handvoll Tannennadeln kann kurz vor dem Auflegen des Käses in die Holzkohlen geworfen werden, um das Aroma des Käses zu verstärken. Die Käsepäckchen auf den Tisch bringen, öffnen und jede Scheibe mit der gewürzten Seite nach oben auf einen vorgewärmten Teller legen. Die zerlassene Butter darüber verteilen und servieren.

Frischkäse mit Mandeln – für 4 Personen –

Was brauche ich?

200 g Schlagsahne
200 g Frischkäse (Quark)
Pfeffer, Zitronensaft,
grob gehackte Mandeln
Salz

So wird's gemacht:

Sahne steif schlagen. Frischkäse damit verrühren, mit Pfeffer, Zitronensaft und Salz abschmecken.

„Gesundheitskäse" – für 4 Personen –

Was brauche ich?

250 g trockenen Ziegenkäse, gerieben
150 ml Ziegen- oder Kuhmilch
1 Eßl. Blauschimmelkäse (vom Käselaib mit dem Messer abgeschabt)
ca. 5 Eßl. Weinbrand

So wird's gemacht:

Den Ziegenkäse eine halbe Stunde in der Ziegen- oder Kuhmilch einweichen und dann zu einer glatten Masse verkneten. Sie sollte weich, jedoch nicht flüssig sein. Wenn die Masse glatt ist, den Blauschimmelkäse (z. B. Roquefort oder selbstgemachten) hinzufügen. Mischung noch einmal durchkneten und in einer Schüssel 2 Tage an einem kühlen Platz mit einem Tuch zugedeckt stehen lassen. Dann einen größeren Steinzeugtopf mit Weinbrand auspinseln. 1 Eßl. Weinbrand unter die Käsemasse rühren. Käse in den Steintopf geben und fest zusammenpressen, damit alle Luft entweicht. Sollte die Masse zu fest sein, noch etwas Milch unterrühren. Pergamentpapier mit Weinbrand benetzen und auf den Käse legen. Den Steintopf mit einem Deckel verschließen. Dann den Käse 2 Wochen an einem kühlen Platz reifen lassen.

Tip: Dieser Käse eignet sich vorzüglich als Aufstrich für helles Land- oder Roggenbrot. Nach Belieben mit Pfeffer bestreuen.

Käse in Weinblättern – für 4 Personen –

Was brauche ich?

Beliebige Käsereste von Weich-, Schnitt- und Hartkäse in 2-cm-Würfel geschnitten.
Pro Käsewürfel 1 frisches Weinblatt
4 Brotscheiben frisch oder getoastet

So wird's gemacht:

Frische Weinblätter kurz waschen und um die Käsewürfel falten. Die Blätterpäckchen mit der Naht nach unten dicht nebeneinander in eine feuerfeste Schüssel legen. In den vorgeheizten Backofen stellen und bei 220 °C etwa 15 Minuten garen, bis die Blätter dunkel werden und leicht am Boden haften. Die Päckchen fühlen sich weich an, wenn man mit dem Finger daraufdrückt. Herausnehmen und auf den Brotscheiben servieren.

Hinweis: Eingelegte Weinblätter aus dem Geschäft müssen vor der Verwendung zunächst mit kochendem Wasser übergossen werden. Die Blätter mit einem Holzlöffel vorsichtig voneinander trennen und 2 Minuten im Wasser liegen lassen. Das warme Wasser abgießen und die Blätter mit kaltem Wasser bedecken. Ein Stückchen Weinblatt probieren. Wenn die Blätter nicht mehr zu salzig sind, können sie verwendet werden.

Quarkklöße – für 4 Personen –

Was brauche ich?

200 g Sauermilch-, Buttermilch- oder Joghurtquark
90 g Butter (60 g zerlassen, 30 g weich)
2 kleine Eier, verquirlt
Salz, Mehl
170 ml Milch
150 g trockener Pumpernickel, zerbröselt

So wird's gemacht:

Den Quark in eine Schüssel geben, nach und nach mit der weichen Butter verrühren und die Eier und eine Prise Salz dazugeben. Abwechselnd in kleinen Mengen die Milch und das Mehl hinzufügen und alles zu einem weichen Teig verarbeiten. Die Menge des Mehles richtet sich nach der Beschaffenheit des Frischkäses. Wenn der Teig gut durchgearbeitet ist, mit einem vorher in kaltes Wasser getauchten Löffel Klöße formen. In einem großen Kochtopf Wasser zum Kochen bringen, Klöße hineingeben und 10 Minuten ziehen lassen. Sobald sie an die Oberfläche steigen, einen Quarkkloß herausnehmen, in zwei Hälften schneiden, um festzustellen, ob er innen gar ist. Die fertigen Klöße abtropfen lassen, mit den Pumpernickelbröseln bestreuen und die zerlassene Butter darübergeben.

Bauernpudding – für 4 Personen –

Was brauche ich?

500 g körnigen Hüttenkäse (siehe Rezept Seite 32 oder gekauft)
50 g weiche Butter
130 g Schinken, fein gewürfelt (gekocht oder roh)
6 Eier, verquirlt
Salz und frisch gemahlener weißer Pfeffer

So wird's gemacht:

Den Hüttenkäse in eine Schüssel geben und mit der weichen Butter vermengen. Schinkenwürfel hinzufügen. Die verquirlten Eier gut mit Salz und Pfeffer würzen und nach und nach unter die Käse-Schinken-Mischung arbeiten. Die Mischung in eine mit Butter ausgestrichene feuerfeste Form geben. Die Form in ein Wasserbad stellen und im vorgeheizten Backofen bei 180 °C 1 Stunde backen, bis die Masse fest ist. Auf eine Platte stürzen und kalt mit Salat servieren.

Geschlagener Quark mit Kräutern – für 4 Personen –

Was brauche ich?

500 g Quark aus Sauermilch
30 g gehackte Kräuter
2 Schalotten, sehr fein gehackt
1 zerdrückte Knoblauchzehe
Salz und frisch gemahlener Pfeffer
4 Eßl. Sahne (bei Wunsch)
2 Eßl. Weißwein (nach Belieben)
2 Eßl. Öl (nach Belieben)
1 Teel. Essig (nach Belieben)

So wird's gemacht:

Den Quark mit Kräutern, Schalotten und Knoblauch kräftig verrühren. Mit Salz und Pfeffer nach Geschmack würzen. Nach Belieben die Sahne, den Wein, das Öl und den Essig unterrühren. Zum Servieren den Quark auf eine Platte geben und zu einem Kreis oder Rechteck formen. Er hält sich, sorgfältig zugedeckt, im Kühlschrank mehrere Tage und wird im Geschmack immer kräftiger.

Gefüllte Bauernbrötchen

Von Brötchen dünne Deckel abschneiden, den unteren Teil aushöhlen und mit feingeschnittenem Käse, Schinken und feingewürfelter Zwiebel füllen, die zuvor in einer Schüssel mit einer kleinen Dose Champignons, Salz, Pfeffer, Paprika, etwas Zucker und einem Eigelb vermischt werden.

Die gefüllten Brötchen in den vorgeheizten Ofen oder Grill schieben bis der Käse schmilzt. Garnierung: frische Dillspitzen. Dazu paßt Bier und ein eiskalter Klarer.

Badischer Bibbeleskäs' – für 4 Personen –

Was brauche ich?

500 g Sahnequark (selbstgemacht oder gekauft)
½ Tasse saure Sahne
½ Bund Schnittlauch
1 kleine Zwiebel
2 Teel. Kümmel (10 Minuten in heißem Wasser einweichen)
1 Eßl. feingehackte Petersilie
Salz

So wird's gemacht:

Quark und saure Sahne mit der Gabel gut vermengen, Schnittlauch abspülen, trockentupfen und schneiden. Zwiebel schälen und sehr fein würfeln. Den Frischkäse mit Schnittlauch, Zwiebeln, Kümmel und Salz nach Belieben würzen, den fertigen Frischkäse mit der Petersilie bestreuen.

Dazu passen: helles Bauernbrot, frischer Most (neuer Wein) oder ein kühles Bier.

Handkäs' mit Musik – für 4 Personen –

Was brauche ich?

400 g Handkäse (Sauermilchkäse, Harzer, Mainzer)
6 Eßl. Essig
5 Eßl. Öl
4 Eßl. Wasser
Kümmel, Pfeffer aus der Mühle
Zwiebeln

So wird's gemacht:

Handkäse je nach Wunsch in Scheiben schneiden oder ganz lassen. Zwiebeln feinhacken, Essig, Öl und Wasser verrühren, mit etwas Pfeffer abschmekken. Die Soße über den Käse geben und gut durchziehen lassen. Beim Anrichten Kümmel darüberstreuen. Dazu schmeckt frisches Kastenweißbrot mit selbstgemachter Butter. Als Getränk wird Apfelwein oder Bier empfohlen.

Gebackener Weichkäse – für 4 Personen –

Was brauche ich?

1 Weichkäse (ca. 300 g)
(5–7 Tage gereift)
1 ganzes Ei
1 Eßl. Sauerrahm
5 Eßl. Semmelbrösel
2 Eßl. Butter

So wird's gemacht:

Den Weichkäse einige Stunden bei Zimmertemperatur liegen lassen. Ei mit dem Sauerrahm verquirlen, Käse darin wenden und anschließend in den Semmelbröseln wälzen. Butter erhitzen und den Käse nach dem Ausschäumen darin goldbraun backen, auf vorgewärmtem Teller anrichten.

Pikante Frischkäse-Zubereitung – für 4 Personen –

Was brauche ich?

500 g Quark
150 g Butter
6 Eßl. süße Sahne
4 Teel. Kräutersalz
2 Eßl. Kapern
(klein gehackt)
2 feingehackte, kleine Zwiebeln
2 Eßl. Paprika, edelsüß
frisch gemahlener Pfeffer

So wird's gemacht:

Quark mit Sahne und der Butter zu einer schaumigen Masse verrühren. Gewürze zugeben, alles vermengen und mit Pfeffer abschmecken.

Garnierungsvorschlag: Rote oder grüne Paprikastreifen, Gewürzpaprika.

Fritierter Camembert

Einen gut gekühlten Camembert in Viertel und diese Viertel in zwei oder drei Scheiben schneiden. Verwenden Sie einen noch nicht zu reifen selbstgemachten Camembert, der beim Fritieren nicht ausläuft.

Die Käsescheiben werden mit Pfeffer aus der Mühle gewürzt und in Mehl, einem verrührten Ei und in Paniermehl, dann nochmals in Ei und in Paniermehl gewendet. In heißem Öl oder Fett goldbraune Beignets backen und abtropfen lassen. Sofort servieren.

Tip: Schmeckt auch als Dessert herrlich zusammen mit heißen Birnen, die mit Williamsgeist übergossen werden, oder mit warmen mit Marc parfümierten Trauben oder Preiselbeeren. Ganz raffinierte Gourmets flambieren die Beignets mit Marc oder Williams.

Camembertcreme – für 4 Personen –

Was brauche ich?

300 g Camembert (selbstgemacht oder gekauft)
150 g Butter
etwas Vollmilch
1 Knoblauchzehe (groß)
(mit Salz zerrieben)
Paprika, edelsüß
Kümmel oder Schnittlauch

So wird's gemacht:

Camembert, Butter und Milch zu einer cremigen Masse verarbeiten (Camembert evtl. durch die Spätzlepresse drükken). Mit den Gewürzen abschmecken.

Grüner Camembert – für 4 Personen –

Einen nicht zu reifen Camembert in Achtel zerteilen und ein paar Minuten in eine Marinade aus Essig, Öl, Zucker, einer Prise Salz, Pfeffer und einer halben zerdrückten Knoblauchzehe legen.

Den marinierten Käse in frischer, gehackter Petersilie panieren und auf Holzspießchen stecken. Mit Schwarzbrot servieren.

Kalte Frischkäsesoße

Was brauche ich?

Sauermilchquark (aus Voll- oder Magermilch)
Joghurt
Sauermilch
Feingehackte Zwiebel
Petersilie, Dill, Schnittlauch, evtl. rohe oder gedämpfte junge Brennesseln
Kräutersalz

So wird's gemacht:

Der verwendeten Menge Quark so viel Joghurt zugeben, bis durch Rühren eine dickflüssige Soße entsteht. Die feingehackte Zwiebel und die feingeschnittenen Kräuter untermischen, mit Kräutersalz abschmecken.

Edelpilzkäsecreme mit Walnüssen – für 4 Personen –

Was brauche ich?

200 g Blauschimmelkäse
200 g Quark
100 ml süße Sahne
2 Eßl. Sherry
Petersilie (grob gehackt)
10 halbe Walnußkerne
Pfeffer aus der Pfeffermühle

So wird's gemacht:

Blauschimmelkäse zerkleinern (evtl. Spätzlepresse), mit Quark innig vermengen, Sahne steif schlagen und unterrühren. Mit Sherry und Pfeffer abschmecken. Mit Walnüssen und Petersilie garnieren.

Edelpilzkäse-Dip – für 4 Personen –

Was brauche ich?

200 g Edelpilzkäse
1 Becher Crème fraîche
6 Eßl. Portwein
2 Eigelb
4 Eßl. gehackte Walnüsse

So wird's gemacht:

Den Käse mit einer Gabel zerdrücken, alle anderen Zutaten untermischen.

Süßer russischer „Käsekuchen" (Paskha)

– für 4 Personen –

Was brauche ich?

500 g Quark aus Sauermilch
(oder Magerquark)
120 g Butter
170 g Zucker
2 Eigelb
80 g Süßmandeln
120 ml saure Sahne
1 Teel. Vanillezucker
Evtl. Rosinen
1 Blumentopf
(1–1,5 Liter fassend)
1 rote Blüte

So wird's gemacht:

Die Butter mit dem Zucker schaumig rühren, 2 Eigelb hineingeben und rühren, bis ein glatter Teig entsteht. Quark, Mandeln, Sahne und den Vanillezucker und die Rosinen zugeben. Alle Zutaten intensiv vermengen. Blumentopf mit einem feuchten Tuch auslegen und die ganze Masse luftfrei einfüllen, 24 Stunden kühl stehen lassen. Zum Servieren wird der Käsekuchen auf einen Teller gestürzt und mit einer Blüte dekoriert.

Paskha wird in Teilen der Sowjetunion und in anderen osteuropäischen Ländern als Dessert und als Torte bei Festen gegessen.

Kirschenmichel mit Quark – für 4 Personen –

Was brauche ich?

2 Eier, getrennt
50 g Butter
2 Eßl. Honig
500 g Quark
75 g Vollkorngrieß
1 Teel. Backpulver
Schale einer halben Zitrone
500 g Kirschen

So wird's gemacht:

1. Eigelb mit Butter und Honig schaumig rühren, Quark, Grieß, Backpulver und Zitronenschale unterrühren, entsteinte Kirschen untermischen.
2. Eischnee steif schlagen, unterziehen. Masse in ausgebutterte Auflaufform füllen, bei 200 °C 45 Minuten backen.

Tip: Quarkkirschenmichel kalt oder warm mit Vanillesoße oder Sahne servieren.

Joghurt-Desserts

Apfel-Joghurtspeise – für 4 Personen –

Was brauche ich?

500 g Äpfel
300 g Joghurt
4 Teel. Honig
etwas Zucker und Zimt

So wird's gemacht!

Die Äpfel schälen und entkernen, reiben und mit Honig und Joghurt gut vermischen. Bei säuerlichen Äpfeln etwas zuckern. Vor dem Anrichten mit Zucker und Zimt bestreuen.

Orangenjoghurt – für 4 Personen –

Was brauche ich?

500 g Joghurt
6 Eßl. Magerquark
2 kleine Orangen
2 Teel. Zitronensaft
2 Eßl. gehackte Walnüsse

So wird's gemacht:

Joghurt mit dem Quark glattrühren. Die Orangenfilets würfeln und mit den Walnüssen unterrühren. Mit Zitronensaft abschmecken.

Erdbeer-Dessert – für 4 Personen –

Was brauche ich?

400 g Erdbeeren
400 g Joghurt
5 Eßl. Zucker
etwas geraspelte Schokolade

So wird's gemacht:

Die Erdbeeren waschen und zerschneiden. Den Joghurt schaumig rühren, süßen und die zerkleinerten Erdbeeren darunter mischen. In Portionsgläser füllen und mit geraspelter Schokolade verzieren.

Joghurt mit Früchten – für 4 Personen –

Was brauche ich?

2 Becher Joghurt
1 großen, roten Apfel

So wird's gemacht:

Apfel, Banane und Apfelsine schälen, entkernen und in dünne Scheiben

1 große Banane
1 Apfelsine
250 g Weintrauben
1 Päckchen Vanillezucker
6 Eßl. Zucker
5 Blatt weiße Gelatine
1 Becher Schlagsahne
Saft 1 Zitrone

schneiden. Die Weintrauben halbieren und die Kerne entfernen. Aus zwei Löffeln Zitronensaft und vier Teelöffeln Zucker eine Beize herstellen, hierin das Obst 10 Minuten ziehen lassen. Den Joghurt mit dem restlichen Zukker, Zitronensaft und dem Vanillezukker vermischen. Unter diese Masse die aufgelöste Gelatine rühren. Wenn die Creme halbfest ist, die steifgeschlagene Schlagsahne unterziehen und das Obst daruntermischen. In Portionsschälchen füllen, mit Schlagsahne und Obst verzieren und kalt stellen.

Bananenjoghurt – für 4 Personen –

Was brauche ich?

2 große Bananen
400 g Joghurt aus Vollmilch
4 Eßl. Erdbeeren
2 Eßl. geriebene Mandeln
Zucker nach Geschmack

So wird's gemacht:

Die Banane und die Erdbeeren in Scheiben schneiden und mit dem Joghurt vermischen. Je nach Geschmack zuckern. Mit den Mandeln bestreuen.

Joghurt mit Honig – für 4 Personen –

Was brauche ich?

600 g Joghurt
Saft von 3 Orangen
Saft von 1 Zitrone
3 Eßl. Zucker, 3 Eßl. Honig
4 Eigelb

So wird's gemacht:

Den Joghurt mit Orangen- und Zitronensaft verrühren und das mit Zucker und Honig gut verquirlte Eigelb dazugeben.

Joghurt-Getränke

Heidelbeertrunk

Was brauche ich?

200 g Heidelbeeren
600 g Joghurt
5 Eßl. Zucker
Cognac nach Geschmack

So wird's gemacht!

Die gewaschenen Heidelbeeren passieren und den Saft mit dem Joghurt verrühren. Zuckern und mit Cognac abschmecken.

Kirschcocktail

Was brauche ich?

300 g Schattenmorellen aus dem Glas
1 Eigelb
200 g Joghurt
Zucker nach Geschmack
etwas Zimt

So wird's gemacht!

Die Kirschen abtropfen lassen und im Mixer pürieren. Den Saft mit dem Eigelb mischen und zuletzt den Joghurt und den Zucker hinzufügen. Zum Schluß etwas Zimt darunterrühren.

Himbeercocktail

Was brauche ich?

250 g frische Himbeeren
3 Eßl. Zucker
200 g Joghurt
½ Päckchen Vanillezucker
4 Eßl. Weinbrand

So wird's gemacht!

Alle Zutaten im Mixer gut vermischen. Danach durch ein Sieb geben, um die Kerne zu entfernen.

Bananenfruchtsaftgetränk

Was brauche ich?

200 g Joghurt
1 große Banane

So wird's gemacht!

Die Banane wird geschält, zerdrückt und zusammen mit dem Joghurt und

¼ l Orangensaft
1 Eßl. Zitronensaft
1 Päckchen Vanillezucker

den Säften im Mixer schaumig geschlagen.

Orangentrunk

Was brauche ich?

200 g Joghurt
⅛ l Milch
2 cl Orangenlikör
½ Orange
1 Eßl. Schokoladenstreusel

So wird's gemacht!

Joghurt mit Milch und Orangenlikör verquirlen. Die Orangenfilets pürieren und unterrühren. Mit den Schokoladenstreuseln bestreuen.

Schokoladenmix

Was brauche ich?

200 g Joghurt
⅛ l Milch
3 Eßl. Zucker
1 Eßl. Kakao
1 Eßl. Schokoladenstreusel

So wird's gemacht!

Joghurt mit Milch, Zucker und Kakao verquirlen. Mit Schokoladenstreuseln bestreuen.

Birnentrunk

Was brauche ich?

400 g Joghurt
3 Eßl. saftige reife Birnen
etwas Zimt
Zucker oder Honig nach Geschmack

So wird's gemacht!

Den Joghurt mit den kleingeschnittenen Birnen in den Mixer geben, schaumig rühren. Mit Zimt, Zucker oder Honig abschmecken.

Buttermischungen, die nicht jeder kennt

Bei allen Buttermischungen sind die angegebenen Zutaten jeweils auf eine Buttermenge von 250 Gramm bezogen. Nach Wunsch kann hier noch variiert werden, so daß eigene Kreationen entstehen. Zu beachten ist, daß die Butter immer gut zimmerwarm ist, damit sie sich leicht vermengen läßt. Allgemein gilt, daß alle Zutaten möglichst fein gewiegt unter die Butter gerührt werden.

Tip: Alle Buttermischungen eignen sich auch zum Tiefgefrieren.

Anchovisbutter	4 Teel. Anchovispaste
Bäuerin-Butter	4 hartgekochte, passierte Eigelbe, 1 Teel. Senf (mittelscharf), 2 Eßl. Weißwein (trocken), frisch gemahlener, schwarzer Pfeffer, 1 Spritzer Zitronensaft, Salz, Cayennepfeffer
Currybutter	2 Eßl. Currypulver, Salz
Dillbutter	2 Eßl. feingewiegter Dill, 2 hartgekochte, grob zerhackte Eier, Salz
Kaviarbutter	125 g deutscher Kaviar (Seehasenrogen), 1 Eigelb, gekocht und passiert, 1 Spritzer Zitronensaft, Salz
Käsebutter	120 g geriebener Kräuterkäse, Salz
Krabbenbutter	200 g püriertes Krabbenfleisch, Pfeffer, Salz
Kräuterbutter	⅓ Bund Schnittlauch, ⅓ Bund Petersilie, ⅓ Bund Dill, Salz, ½ Teel. Knoblauchsalz, 5 Radieschen
Meerrettichbutter	2 Eßl. Merrettich, Salz
Nußbutter	150 g gemahlene Wal- oder Haselnüsse
Paprikabutter	2 Eßl. Rosenpaprika (scharf), Salz
Rauchsalzbutter	3 Teel. Rauchsalz
Sardellenbutter	4 Teel. Sardellenpaste
Schinkenbutter	150 g roher oder gekochter Schinken (feingewiegt)

Senfbutter	2 Eßl. Senf, 2 hartgekochte, passierte Eigelbe
Tomatenbutter	4 Eßl. Tomatenmark, 1 kleine, feingewiegte Zwiebel, Pfeffer, Salz
Zitronenbutter	Saft einer halben Zitrone, Salz

Bezugsquellen

Käsemach-Komplettset (für Weich-, Schnitt- und Hartkäse) **Weichkäse-Set** (ohne Käsepresse) **Einzelangebote:** Käsetücher Labtabletten Käselaibformen Käsethermometer Dickmilchschneider Käsereifehölzchen Käsepressen	Selbermachen Schubertstraße 1 7260 Calw Tel. (0 70 51) 5 07 20
Labtabletten auch bei	Josef Hauser's Nachf. KG Postfach 12 51 8902 Neusäß 1 Tel. (08 21) 48 30 66
	Bio Kosma GmbH 7750 Konstanz 12 Tel. (0 75 31) 5 50 78
Butterfässer (alle Größen) Hand- und elektrisch betrieben	Lothar Knödler Grasiger Rain 6 7012 Fellbach Tel. (07 11) 5 28 25 96

1 Labtabtablette 4-5 Tropfen